[美] 科丽·科歌昂 Kory Kogon 叙泽特·布莱克莫尔 Suzette Blakemore 著

PROJECT MANAGEMENT

全新修订版

项目管理精华

给非职业项目经理人的项目管理书

FOR THE

UNOFFICIAL

PROJECT MANAGER | UPDATED AND REVISED EDITION |

中国青年出版社

图书在版编目（CIP）数据

项目管理精华：全新修订版：给非职业项目经理人的项目管理书 / (美) 科丽 · 科歌昂, (美) 叙泽特 · 布莱克莫尔著；王友鸿译. -- 2版. -- 北京：中国青年出版社, 2025. 3. -- ISBN 978-7-5153-7524-3

Ⅰ. F224.5

中国国家版本馆CIP数据核字第2025BD7166号

项目管理精华：
全新修订版：给非职业项目经理人的项目管理书

作　　者：[美] 科丽 · 科歌昂　叙泽特 · 布莱克莫尔
译　　者：王友鸿
责任编辑：肖妩嫔
文字编辑：张祎琳
美术编辑：佟雪莹
出　　版：中国青年出版社
发　　行：北京中青文文化传媒有限公司
电　　话：010-65511272 / 65516873
公司网址：www.cyb.com.cn
购书网址：zqwts.tmall.com
印　　刷：大厂回族自治县益利印刷有限公司
版　　次：2016年6月第1版
2025年3月第2版
印　　次：2025年3月第1次印刷
开　　本：880mm × 1230mm　1/32
字　　数：130千字
印　　张：6.25
京权图字：01-2015-5670
书　　号：ISBN 978-7-5153-7524-3
定　　价：49.90元

CONTENTS

目 录

赞誉之辞

如果你突然被任命为项目经理，本书就为你提供了一个令人耳目一新的解决方案。本书将引导读者沿着一条规范的道路前进——创造价值、引领团队和制定合理的管理流程——这也是一本实用、简单易行的工具书。不可否认，这本书将有利于提升非职业项目经理人的自信心，因此，值得推荐！

——比尔·耶茨，PgMP（项目集管理专业人士认证），PMP（国际项目管理师），PMI-ACP（敏捷项目经理国际资格认证），Velociteach（费洛奇敏捷教育培训机构）执行副总裁

本书带你直面工作中面临的最大挑战——如何在不需要任何培训的前提下，高效地管理项目，并带领公司迈向崭新的未来。这是一本了不起的书——非常实用、简单易读、行文流畅、重点突出——你可以迅速掌握本书的要点。

——朱莉·摩根斯坦恩，《纽约时报》畅销书《由内而外的时间管理》作者

本书确实为高效的项目管理树立了新标杆。绝对值得一读……

——格里·阿基诺，奥索尔美国公司组织发展与学习部经理

本书是我迄今为止读过最好的提升职场技能的图书，我会运用书中的技能指导未来所有的项目。詹姆士·伍德在公司内开展的课堂学习已经卓有成效，而本书将使我们取得的成果更上一层楼。只要听从作者的建议，一定会给你的职业生涯带来巨大的积极影响。

——蒂姆·兰考特，北方工具设备公司工程制造部总裁

直到这本项目管理书的问世，才终于有人意识到并重视项目中“人”的作用。大多数时候我们只关注工作本身，而忽略了人和团队的关系才是项目成功的关键因素，运用本书中的“四大基本行为准则”就能够帮助所有的“非职业”项目经理人管理好自己的团队。

——狄安娜·卡雷拉，First Things First（要事第一）公司领导力及培训部总监

在当今这个精简员工的时代，企业需要所有级别的员工都能胜任项目经理的角色，本书囊括了职业项目经理取得成功所需的全部核心领域。此外，富兰克林柯维公司的课堂学习也非常简单、直观、易于实践。本书还可以作为课堂学习的巩固学习教材，两者相辅相成，是任何公司提高效率和业绩的宝贵资源。

——罗伯特·菲特，博通公司人力资源部高级总监

在本书中，富兰克林柯维公司让每一位管理者都能够掌握项目管理的精髓。本书通过实用、直观的方法教会你如何打造团队共同的价值观，设计可行性强的时间轴，并成功达标。无论你管理的项目规模大小，为了你自己和整个团队的成功，本书绝对值得一读。

——肯尼斯·约翰逊，科罗拉多州培训及发展部主任

通常在人们的印象里，大宗的资本运作才被称作项目，但其实我们做的每项工作都可以称为“非正式”项目，只是我们缺乏成功管理的必要手段。本书

提供了适用于公司各个阶层的项目管理方法。本书中值得学习的一点是：你在管理项目过程中必须制定一套可以分工明确并可以衡量的目标，做不到这一点，项目就很难成功，因为项目的关键在于人及人的目标。

——邦妮·斯通，亚利桑那中心项目培训及发展部经理

在当今的环境下，管理者需要利用有限的资源领导并完成各种充满挑战的项目，作者列举了许多当下最实用、高效的案例和技巧。

——迈克尔·冯，美国沃尔玛前财务总监

在这个注重合作的时代，每个人都有自己的分工，本书不仅能解答员工日常工作中的疑惑，使他们在项目中扮演好自己的角色，还有助于自我提升。它可以帮助项目经理在千头万绪中找到前进的方向，管理好自己的团队，树立权威、提高信誉。具有出色管理能力的项目经理能为公司带来佳绩、创造财富，不失为公司的宝贵资源。

——凯文·K. 库欣，爱快彩图印刷公司前首席执行官

前　言

项目管理让工作与生活更简单、出色、可控

1999年，美国国家航空航天局（NASA）提出将一架新的超高科技望远镜送入太空轨道，该望远镜几乎能够看到宇宙起源的星系。它将拍摄到距离地球遥不可及的、年龄超过100亿年的遥远恒星星球和星系。

NASA预计用8年时间，花费10亿美元就可以完成詹姆斯·韦布空间望远镜项目。但最终，该项目花费了22年才完成，成本高达100亿美元。

《纽约时报》发文提出，为什么该项目会“陷入了巨大成本超支和时间延期的困境”？

当然，有许多技术问题需要解决，但项目管理也是一个亟需解决的问题。

《纽约时报》认为，严重的人为失误导致了很多项目延期问题。“工程师在清洗望远镜推进阀时用错清洗剂，因而将其损坏。在振动测试期间，固定望远镜巨大遮阳板的数十颗螺丝竟然松动了。员工接错电线，从而将高压输入天文台的传感器。”这真是糟糕透顶。

还有一些团队成员竟然玩忽职守：“工程质检员本应该发现这些错

误，但他却根本没有检查。”

尽管韦布望远镜最终发射成功，并能够传回令人惊叹的深空图像，但其花费的时间和成本却远超预期。

现在，我们大家都是项目经理

难以想象的是，松动的螺丝和错误的清洗剂居然能让如此庞大的项目偏离正轨。项目管理绝非易事，而该项目的规模和复杂性使其变得更加困难。

假如你现在还没有负责一个需要花费数十亿美元、需要多年才能完成的项目，那你现在就负责自己的项目了——否则你就不会阅读这本书。

其实，你并不孤单。“我们现在都是项目经理，”著名项目专家安东尼奥·尼埃托-罗德里格斯说，“在不久的将来，我们将不再描述自己从事的工作，我们只会描述项目。”为什么？因为人们越来越多地从事项目管理工作，为客户提供价值。你的项目确实很重要，否则你就不会这么做了。因为你的公司为其投入了大量的时间、金钱和资源，这说明该项目很可能意义非凡，值得我们为此付出。

项目管理协会（PMI）认为：“项目管理的宗旨就是为客户提供商业价值。”这看似容易，但许多项目——事实上，大多数项目——都未能做到这一点。在商业、教育和政府领域进行的数百万个项目中，有将近三分之二的项目都永远无法为客户提供价值。

因此，你对担任项目经理一职感到担忧是情有可原的。

你可能从未接受过这方面的培训。到目前为止，绝大多数项目都由“非职业项目经理人”负责，而你很可能就是其中之一。大多数脑力劳动者都在默默承担着非职业项目经理人的工作——从组织午餐这样毫不起眼的小项目到发送望远镜进入太空这样的超级大项目。无论他们是否被称为项目经理，他们每天都在从事启动会议、交付可交付成果或做出“里程碑”式重大决策等工作。而且，他们都为实现目标而竭尽全力。

对所有人来说，项目管理都是一项必不可少的专业技能。正如项目管理专家乔伊 · 贡兹所说：“运营是公司的长明灯，战略是隧道尽头的一束光，但项目管理则是推动项目前进的火车引擎。”将项目管理与你的技能相结合会使你成为一名更有价值的专家。

尽管项目管理需要掌握大量专业知识和复杂的计算机应用程序，但你会发现其基本要素通俗易懂，无须人为地使其复杂化。一位项目管理专家解释说，只要你能把简单的工作理顺，你就能胜任。他说：“大多数复杂项目失败的原因是项目经理忽略了非常简单的事情，而不是因为他们无法处理复杂的工作。”

市面上有数百本有关项目管理的图书，其中大多数都是从“职业”项目管理者的专业角度撰写的。这些图书通常充斥着令人望而生畏的复杂处理程序和专业术语。

因此，你拿起其中一本书，读了几行，很快就感到不知所云。最终，你会感到心烦意乱、迷惑不解，于是将书扔到房间一角（或者扔进垃圾桶），然后继续凭经验做事。

这本书则不同。尽管其宗旨是为项目管理提供最佳的思考方式，但这本书却为你成为出色的非职业项目经理提供了几大原则和工具。

这里的原则是从项目管理协会（PMI）整理的《项目管理知识体系指南》（*the Guide to the PMBOK*）第七版中提炼出来的，该书篇幅庞大，对项目管理进行了详细描述。我们将《项目管理知识体系》中庞杂的原则和流程缩减为几个基本准则，并添加了我们对项目成功的见解。

传统项目管理的程序繁杂，可能会让项目团队成员感到不堪重负，尤其是负责人坚持按书本上的程序做项目时。传统项目管理的高度纪律性会让人望而却步。为了应对保守主义者的教条主义方法，著名的项目管理敏捷方法应运而生。但具有讽刺意味的是，即便是敏捷方法也变得相当复杂。

你不必成为“项目管理大师”，也不必遵循人人都必须遵守的程序——如若不然就会丢饭碗的“唯一正确的流程”。在富兰克林柯维，我们从项目管理领域中提炼出了最佳的思维方法，从而使我们这些不是专业人士的“普通人”也能够轻松理解和操作。迄今为止，我们已经培训了成千上万名非职业项目经理，现在我们将这些成功的基本方法分享给你。

富兰克林柯维公司的一位客户，同时也是其公司的项目管理部总监，对我们的项目和管理工具给出了如下评论：“去年一年，我们公司的项目费用超出预算250万美元，而其原因并不在于那些‘大项目’出了问题，因为大项目往往受到很好的监管并能够及时纠正错误，最大的问题来自于不起眼的‘小项目’，它们虽然规模小，但数量庞大，并且没有得到足够重视。我从富兰克林柯维公司的‘项目管理精华’中得到的最大收获不是给好的项目锦上添花，以便取得更大的成功，而是从项目开支中节省数百万美元！”

为什么选择这本书

这本书是为那些善于思考和创新的人准备的，也是为那些被领导要求“把事情做好”的人准备的。它既不是一本面面俱到的教科书，也不是一本参考指南，而是要教会你如何在真实环境中管理项目，并提供解决问题的基本工具。我们使复杂的项目管理通俗易懂、清晰明白、易于操作。学到这些技能，你将会在新的项目经济浪潮中乘风破浪。

有趣的是，我们发现这些方法和工具还有一些意想不到的积极作用。我们已经将这些方法和工具应用到其他方面，甚至是超出工作范围的领域——家庭、学校，甚至日常生活的方方面面。我们生活在一个混乱、快节奏、信息饱和的环境中，本书中的理念不仅可以帮助我们管理项目，还可以管理我们的时间和生活。

阅读本书能够为读者带来哪些收获

本书每章的开篇都围绕一个项目程序展开，内容涵盖传统和敏捷项目管理的最佳实战案例。每个步骤都包括各种工具，帮助你明确项目范围、规划并出色完成项目。每个步骤都包括应用挑战问题，以便你演练这些工具。每一章节的结尾还会“检查你的学习成果”。

本书将引领你在工作和生活中步入一个新的境界，教会你如何以高质量、完美的方式完成各种任务——从成功完成重要工作到筹划一场完美的婚礼。只要不断使用本书教授的方法，你就会发现自己一次次地得到成功的眷顾，并能够避开项目经理们曾经走过的弯路，从此一片坦途，取得一次又一次的成功。

第一章

每个人都能成为成功的项目管理者

CHAPTER 1

6月的某一天，海达忧心忡忡地走进了老板的办公室，担心自己的职业生涯即将结束。尽管她尽了最大的努力，想尽一切办法，她的项目还是以失败告终，她觉得自己要为这一后果负责。

一进门，她就看到老板特斯曼和几个同事正俯身盯着一台笔记本电脑屏幕，摇着头轻声叹息着。

“这次内夫林赢了”，特斯曼直起身子，迅速地与海达握了握手说。特斯曼是一位德高望重的土耳其制药专家，她非常了解自己的员工，也对莱特尔制药公司的缓慢进度感到沮丧。“内夫林领先我们一步进入市场，而我们将‘紧随其后’——如果我们还能进入市场的话。”

“我们一定会的，”海达叹了口气说，“只是我们任重道远。”

“如果药品不能投入市场，我们每个月就要损失100万美元。”特斯曼开诚布公地说。

作为莱特尔制药公司奥斯陆分公司的法务主管，海达负责公司新药获批进入市场项目。任何新药在进入药房前都必须获得美国当局的许可，而莱特尔制药公司最新推出的一种治疗偏头痛的药物却卡在美国政府机构的烦琐审批手续中，已持续数月之久，至今还没有获批。因此，公司没有任何收入进账，人们的偏头痛也没有得到缓解。

与此同时，他们的竞争对手内夫林制药公司生产的治疗偏头痛的类似药物已经迅速通过批准流程。对莱特尔制药公司来说，在市场上排名第二并不是个好兆头。

海达是一名科学家，而不是管理者，但她与美国政府的药物审批人员关系良好，因此被委以重任，负责获批新药投入市场的任务。但并没有达到预期效果。这是该监管机构第三次推迟莱特尔的重要产品的问世了。海达认为，对她来说，应该不会有第四次了。

当其他人回到自己岗位工作时，特斯曼交叉双臂，靠在桌子上，严肃地看着海达说："一般情况下，该机构会在7个月内批准新药。但对我们而言，这堪比22个月。我们的产品和其他公司一样好，但我们经常被远远地甩在后面。"

海达感觉工作不保了。

但特斯曼却另有打算。"海达，你可以解决这个问题。我们需要启动一个专门用于加速药品审批的项目。你能负责吗？"

"当然可以。"海达不太自信地说，她既担忧又感到迷茫。其实她更愿意回到自己的实验室，用显微镜查看组织样本，独自一人吃午餐。但现在她的生活突然发生了变化。

她成了一名项目经理。

在20世纪，大多数人都从事某项特定的工作，维持不变，除非他们晋升或离职。老板按规范来评价他们的工作。客户会听话地耐心等待，除非公司、政府或学校给他们的不是他们想要的，而是当下没用的东西。

现在事情发生了变化：顾客必须得到他们想要的东西。我们看到公司经常变革，新产品的开发更迅速，对新技术的采用也更快。这是全球普遍存在的现象。换句话说，我们必须比以前更灵活、更能够迅速回应顾客的需求。“做好本职工作”已经不够了。如今，要想得到他们想要的，顾客只需看着手机说：“我现在就要这个。”“马上修好它。”“现在治好我的头痛。”“你是想告诉我，我要等到明天才能拿到橙色榨汁机吗？”

当今的世界没有足够的耐心等你“做好本职工作”。它想让你马上满足它的需求和欲望。

而这就是海达面临的问题。到目前为止，根据官方描述，她的工作就是“必须满足所有（美国）政府和公司法规的要求，包括遵守公司内外行业规定、制定新政策、员工培训等”。

海达很擅长这些工作。她觉得自己就像巡警一样，这里瞧瞧，那里看看，确保没有人违反规定或擅离职守。

但是现在，除了这些工作，她还必须让一切都运转起来（这就是项目经理的职责所在）。她必须想办法在不到两年的时间里把一小管化学物质放到药店的货架上。

现在，大多数人都是海达，或即将成为海达。我们生活在一个项目经济环境中，人们想要价值，而且想要立即得到。据说，“到2027年，全球约有8800万人从事项目管理工作，以项目为导向的经济任务成本将达到20万亿美元”。你很可能是那8800万人中的一员，一名从未接受过项目管理培训的项目经理。但就像海达一样，你现在已经是，或者即将成为一名非职业项目经理。

“巨大的打击”

现在大多数人都在做项目。但哈佛大学的一项研究表明，在全球范围内开展的项目中，只有35%取得了成功——这意味着我们浪费了大量的时间和资源。

“尽管项目管理正在经历繁荣期，”专家们说，“但随着时间的推移，项目往往会面临着多方面的‘打击’，包括时间和成本超支、业务案例失败、利益相关方的失望与不满或后劲不足等。”

换句话说，许多项目耗时、耗力，投资巨大，其结果却毫无用处，没有任何价值，令所有人沮丧，让世界变得更糟。这就是“巨大的打击”。

因此，海达的担忧再正常不过了。毕竟，她不知道如何管理项目。我们可以告诉她“冷静一下”，但困难就摆在面前。她需要在预算和规定时间内完成项目、提供价值、满足人们的需求、周而复始、不能有任何懈怠。

如果你已经是非职业项目经理，你每天都必须与项目失败作斗争，努力推进项目进度，节省预算，或者阻止团队（包括你自己）把一切搞砸。

项目为什么会失败

下面让我们了解一下项目为什么会失败。项目管理协会（PMI在208个国家拥有50万会员）调查发现，缺乏正规项目管理流程的公司比流程健全的公司更容易失败。但即便有正规的流程，很多公司也会经历多次失败。以下是常见的失败原因：

◎ 对项目结果或期望不明确（“我们为什么要这样做？”）

◎ 缺乏领导的承诺或支持（“好的，继续干吧，我觉得……”）

◎ 时间规划不切实际（“我们昨天就需要这个！”）

◎ 缺乏预算或管理不善（“你还需要多少钱？”）

◎ 工作轻重缓急不明确（“我今天必须完成其他工作。”）

◎ 资源不充足（“只有一半的预算能做什么呢？”）

◎ 争权因素（“我们不能让恩基的部门占上风。”）

◎ 缺乏全局视野（“几颗松动的螺丝影响不大，对吧？”）

◎ 规划不当（“不要杞人忧天。我们开始吧。我们知道该怎么做。”）

◎ 缺乏领导能力（“到底是谁在负责？”）

◎ 标准不固定（“所以他们希望这款新车既能前进又能倒退？”）

这些话是不是听起来很耳熟呢？每个人都面临着同样的问题。无论你负责的项目是价值数百万美元还是区区几千美元，失败的代价都是昂贵的。

你也会为此付出代价。失败会让你难过、士气下降、心不在焉，自信心丧失，甚至让你的工作都可能岌岌可危，但这本书可以给你希望。和许多内容详尽、繁杂的项目管理图书不同，我们仅为你提供一些原则，它们可以指引你取得成功。已故的史蒂芬·R. 柯维曾经说过，原则是“永恒且普遍的规则或法则”。无论你使用什么流程或处在何种境况，成功的项目管理原则都将会让你深受裨益。有位专家说：“无论是一项价值5万美元的学习项目还是一项价值300亿美元的‘研究’项目，项目管理的基本原则都是一成不变的。”

总 结

简而言之，项目说了算。世界各地的人都在默默地承担着非职业项目经理的责任，试图用自己的智慧出色地完成一项任务。这就像没有接受过飞行培训就驾驶飞机一样——发生“事故”的可能性很大，但是，基于已有的项目管理原则，这本小册子将引领你克服重重困难，跨越一切障碍，取得成功。

检查你的学习成果

√ 为什么说“现在，我们都是项目经理”？

√ 为什么几乎三分之二的项目未能实现目标？

√ “无论是一项价值5万美元的学习项目还是一项价值300亿美元的‘研究’项目，项目管理的基本原则都是一成不变的。”这个说法的真谛是什么？

第二章

项目成功的原则：价值+人+流程=成功

CHAPTER 2

成功的项目管理有三个主要原则：

◎ 创造价值

◎ 带领团队

◎ 管理流程

这些原则看似简单，但意义非凡。它们是构成项目成功公式的基本元素：

成功 ▶ 价值+人+流程

创造价值

这个世界很奇怪，通常情况下，如果项目在预算范围内按时完成，就会被认为是成功的，而取得的重要、有价值或有效的成果却很少被提及！

就好像你按时做晚饭，但饭菜非常难以下咽。你依旧可以说，“我的项目成功了！”

显然，按时完成项目和成本效益都很重要，但好的项目经理应该会把出色的项目成果放到第一位。技术娴熟的项目团队能够而且确实会产生垃圾——事实上，据第一章提到的哈佛大学研究表明，他们大约三分之二的时间都在制造垃圾。

难道是他们漏掉了什么东西吗？

衡量项目成功的最佳标准是客户是否满意。这些客户可能是晚餐的执行赞助商、顾客、同事或家人。无论他们是谁，你的首要任务是取悦他们，并确保项目实现其预期成果。

这一原则清楚明确、通俗易懂，但根据项目的失败率来看，在庞杂的项目流程管理中，这一原则常常不能发挥作用。

多年来，《项目管理知识体系》将项目的成功归因于“流程遵从性”，也就是说，按部就班地按流程做事。然而，一群有影响力的项目管理专家群起反对此原则，并发布了著名的“敏捷宣言”，他们宣布：“我们的首要任务是通过按时和持续创造价值来满足客户的需求。”

最新版《项目管理知识体系》（第七版）承认，价值是项目管理的“第四大”基本原则。为了创造价值，该书认为，项目经理必须“不断评估和调整项目目标使其与业务目标和预期收益看齐……我们要以定量和/或定性的方式来定义它”。

但是，“价值”究竟指的是什么？

在商业领域，定量价值通常以投资回报率（ROI）和/或项目投资的净现值（NPV）来定义。如今，有很多比较成熟的预测回报率和净现值的公式，所以我们在这里就不再详细讨论。但在项目规划阶段，你绝对需要进行这种分析，或者请专业人士帮你分析。通常，定量价值是投资商最关心的事。

定性价值不仅仅是表面的财务数字。这有点难衡量，但同样重要。它通常用不太具体的术语来定义——提高了品牌知名度、市场份额、客户满意度、教育结果、市场信任度等。

简言之，作为项目经理，你必须经常思考这些问题：人们为什么要关心你的项目，他们的关心度是多少，以及你的项目如何与公司更大的愿景或目标保持一致。因此，我们说，价值并不是项目管理的第四个基本原则，而是第一个。正如一位优秀的项目经理伊丽莎白·哈林评价《项目管理知识体系》的新原则时说，“我希望这个原则能够排在最前面。如果项目无法提供价值，那它还有什么意义呢？”

“然而，”她接着说，“我们必须明确‘价值’意味着什么，每个项目的情况都会有所不同。”

你该怎么做呢？

我们会告诉你怎么做。作为项目经理，本书提供的工具将确保你能够创造价值。正确使用这些工具，我们保证你不会在规定时间和预算内做蠢事。

带领团队

你和项目负责人的相处体验是什么？和公司老总打交道的体验又如何呢？

史蒂芬·R. 柯维的口头禅是“管理公司，带领团队”。你可能与这样的人共过事：他们是出色的项目经理，但不是合格的团队负责人。管理的宗旨是“协调和管理任务”。但众所周知，优秀的负责人仅靠这些远远不够。

作为项目负责人，你的任务就是激励团队成员全力配合你，高质量完成任务。你是否听说过杀鸡取卵的寓言？那位没有耐心的农夫为了获得所有的金蛋而杀死了母鸡，结果却一无所获。在项目管理中，价值就像金蛋，而项目团队就是那只母鸡。

作为项目负责人，你肯定想找到下金蛋的鸡，并让它保持快乐和富有创造力。但不要滥用，让团队成员过度劳累，这最终会毁掉他们。

“但我不是负责人，”你说，“我甚至没有任何职务。”你的意思大家都明白。有些项目经理也不认为自己是负责人，直到有一天他真的成为了负责人，成为了领导。

著名的营销大师赛斯·戈丁年轻的时候，答应为当时一家生意不景气的小公司管理一个项目。他本人全身心地投入到项目中，但让他担心的是手下的3个团队成员。

他后来回忆道，于是，他制订了一份计划定期通报工作进展，“表扬团队中每个人的工作”。“我们重点强调了他们的突破进展，并讨论我们正在突破的新领域。我每周讨论两次工作任务。我每周两次记录下我们团队的精彩表现……不到一个月，就有6个工程师离开自己的团队转而加入了我们的小团体……接着又有20个人加入。”

最终，赛斯的团队成员达到30人，经过团队夜以继日的奋战，几个月后，他们的团队成功交付了产品，从而使自己的公司起死回生。

他解释说："为了完成任务，他们改变了已有的程序。他们想为公司的成功做出贡献……20年后，那个团队的成员依然对当时的做法津津乐道。而我，当时那位没有经验、没有当过领导的24岁的年轻人，有幸经历了人生中最激动人心的高光时刻。"

为什么赛斯能够吸引这么多忠诚的团队成员为自己效劳？因为他足够重视他们。很自然，大家都想得到领导的重视和认可，他们也想为领导重视的项目做出重要的贡献。

根据斯坦迪什集团研究统计，项目成功更多地取决于团队的"情感成熟度"而不是使用的流程——事实上，"情感成熟度"的积极作用是流程的3倍多。情感成熟度是"人们共同努力的基本行为的度量标准"。

因此，如果团队成员表现出情感上的成熟，团队在任何项目管理流程中都可以取得成功。

作为负责人意味着你要以身作则。作为非职业项目经理，意味着你对团队只有非正式的权威。如果你的团队是临时组建的，成员来自不同部门，比如市场营销、销售、财务和产品开发等，这一点尤其如此。因

非正式权威	正式权威
来自负责人的性格和能力。你是一个优秀的聆听者，对项目的预期了如指掌。团队成员信任你，是因为你值得信赖。你遵守承诺、以身作则，尊重他们并聆听他们的心声。	来自一个人的职位或头衔，但职位和头衔并不意味着你会成为一个出色的领导者，作为名义上的领导，你有权力命令别人执行某项规定，并在成员不遵守规定时给予惩罚，但这种权威并不能保证所有人对你心悦诚服，心甘情愿地为你付出。

为你不是他们的老板。

你唯一真正的权威是非正式的，这与正式权威有很大的不同。

不管你的头衔是项目经理或公司领导，你仍然需要拥有“非正式权威”。如果没有它，你就永远不会成功。

对年轻员工来说尤其如此，他们更在乎公司的真实性、道德和价值观。德勤的研究表明，“尽管老一辈人更倾向于尊重权威，即使他们有不同的意见，而年轻一代则更愿意挑战权威”，他们不会因为你“负责”这个项目就追随你，对你言听计从。

试想那些即便没有正式官方头衔也非常有影响的人，比如马丁·路德·金和马拉拉·优素福·扎伊。你可能不会成为像他们一样的领袖人物，但你需要激励团队成员心甘情愿、全力以赴、出色地完成任务。

如果你遵循这五个基本行为准则，你将赢得优秀领导应该具备的非正式权威：

这五大基本行为是最根本也是最重要的准则，掌握了它们，你就掌

握了成功的秘诀。熟练运用这些准则，你就可以建立自己的威信。当然团队成员也必须理解并践行这些行为准则。这就是为什么你要展示、讨论、审查它们，并要求大家承担起自己的责任。

在最初的团队会议中，询问成员对这些行为准则有何看法。“你如何定义它们？它们如何帮助我们团队取得成功？未能遵守这些行为时，我们该如何处理我们的关系？我们应该采取什么措施才能使这些行为准则永远处在工作的中心地位？”

这五大基本行为准则是为整个团队设定的，但你首先要责无旁贷地以身作则，为大家树立榜样。下面就是这五大基本准则：

首先聆听

不要误解为，项目经理必须无所不知。“无所不知”的压力会让你说得多，听得少。担心别人不知道答案，你可能会本能地想告诉他们该怎么做。这种本能可能是致命的。

“首先聆听”可以减轻自己必须知道一切的压力。当团队成员向你表达他们的观点或不满时，先听他们把话说完再发表意见。

当一名团队成员告诉海达（我们在第一章中提到的科学家）“我有一个快速解决问题的想法”时，她可以选择忽视。她心里想：“时间越来越紧；压力越来越大，难以应对；我不可能听取所有人的想法；至少现在不行，因为没时间。”她也可以选择停下手头的活儿，认真地了解团队成员的想法。是的，这可能会耽误她的时间，但也可能会更快地解决问题。

海达还可能这样想：“这个人太年轻了；她不可能想到比我们更好的

主意，他们应该听取我的观点，因为这里我负责。”是的，听从下属的建议可能有损海达的自尊心，但这也会减轻她成为所有智慧之源的压力。

工作中最重要的就是同理心。在别人向你倾诉时，你不需要表达同意或不同意，只要把自己放在对方的位置上，换位思考，尽力去理解他们的出发点就好。给他们说话的机会——而不是打断他们——你既得到了新奇的、更好的点子，他们也会觉得你尊重了他们。

明确期望

试想一下，你在网上看不到心仪的鞋子的照片，不得不盲目下单，会怎么样。你可以在线描述你想要的东西——“我想要一双10码的漂亮的棕色鞋子”——第二天卖家可能会给你送来一双带有麂皮缎带的人造鳄鱼皮高跟鞋。

实际上，你想要的是一双普通的牛津正装男鞋。结果，你感到非常失望。

这是谁的错？

实际上，双方都有责任。你的责任在于没有具体描述你想要的东西。卖家的责任则在于没有弄清楚你所说的“漂亮的棕色鞋子”是什么样子。他们头脑里的画面和你的描述大相径庭。他们根本没有询问你心中想要的鞋子的具体样式。

有位著名的作家曾说过，“沟通的最大敌人就是对它产生错觉”——意思是如果我们认为别人完全理解我们所说的话，我们就是在自欺欺人。

项目失败的一个原因是：团队成员缺乏对期望的共同认识。模糊的期望可能对项目产生致命影响。

假设一个团队成员告诉海达，“我想在这周把预算做出来。”但是，如果你不清楚他“做什么预算”，结果会是什么样子呢？比如，团队成员可能花整整一周的时间，创建新的电子表格或做了其他毫无意义的事情。因此，你的首要任务是了解清楚团队成员打算做什么。

海达可以这样问他，“具体说说你打算做什么预算？”他可能会说，“嗯，我们之前的成本预算可能太低了。我们应该重新审视这些问题，对预算做个更准确的规划。”她可能会不同意他的观点，安排他做其他任务，但也可以回答说：“很好。你能在周五给我们一个最新的预算吗？”现在每个人都很清楚这个团队成员想做什么。

明确问题的关键是提问：“你说的是什么意思？”“你说的是这个意思吗？”“我可以澄清一下吗？”“你估计需要多长时间？”“我应该花多少钱？”“谁能帮我一下？”等等。

当团队成员对自己和他人的期望有了一个清晰、明确的认知时，项目就成功了。

传递信任

如果你不愿意把任务下派给团队成员，不让团队成员做决定，总是给予负面反馈，或者你的项目一直在延期，不能按时交工——那么，你对团队的信任就出现了问题。

如果你相信团队会遵守承诺，他们总是会坚持到底。你的信任会对他们产生奇妙的影响——他们通常会更努力地工作。他们会全力以赴，为团队项目拼尽全力。

“人们喜欢得到他人的信任。”史蒂芬·R. 柯维的儿子——史蒂芬·M. R. 柯维，也是畅销书《信任的速度：一个可以改变一切的力量》的作者说，“被上司信任的时候，成员不需要监管；让他们管理自己就好。”

当然，信任总是有条件的。如果团队成员不履行承诺，他们可能会失去你的信任。例如，团队成员总是迟到，你就需要和他们开诚布公地聊一聊，一般来说，如果你相信他们会尽力而为，会让他们感到前进的动力。

不过要小心。当你将任务委托给某人，但又阻止他们去完成时，你就是在传递虚假信任。“你让我研究一下新的吉尼亚斯（Genias）系统，所以我要花一天的时间来研究”，一名团队成员说。如果海达说，“我已经做完了”，她就会让那个人感到措手不及。

传递信任的另一个假象是微观管理。你不询问事情的进展，却总是告诉团队成员要做什么，怎么做。你查看他们的邮件，要求他们随时告知身在何处，或者指出他们微不足道的错误。

给团队成员赢得你信任的机会，他们一定不会让你失望。

承担责任

如果你三番五次地参加团队会议迟到，怎么能让团队成员对承诺负责呢？

作为项目负责人，你应该以身作则，为大家树立典范。不管你喜欢与否，其他人都会跟随你的脚步，以你为榜样。如果你做任务总是拖拖拉拉，你就失去了要求其他人按时完成工作的非正式权威。

当然，你不仅要让自己负责，还需要让整个团队对这五大基本行为准则负责。如果乔伦三番五次地迟到却没有受到任何处分，其他团队成员对你的管理能力会有什么看法？他们可能会认为："嗯，乔伦迟到没有受到任何惩罚，那么我迟到可能也没事。"

这就是为什么说这五大行为是团队的基础。公布这些行为，获得大家对它们的一致认可，然后严格要求自己和大家一起遵守它们。

那么，如果某个团队成员不遵守规定，你该怎么做呢？

相较于唠叨或责备这个人，更糟糕的是对此置之不理，正确的做法是弄清楚背后的原因。

乔伦说："海达，我说过要审查实验室的文件，但我没能按时完成。"海达可能会认为乔伦是故意为之，于是指责批评他，她也可能像负责人一样行事，去探究其中的原因：也许实验室主任不配合，也许这个任务真的需要更多的时间，或者是乔伦生病了。

这样，无论是哪种原因，海达都可以为乔伦扫清障碍，这样他就能够按时完成任务。她可以和实验室主任谈谈，可以延长时间，也可以找个人来帮助乔伦或代替他来完成工作。

承担责任并不是为了惩罚他人，而是为了帮助他们履行自己的职责。

展现尊重

展现尊重是最重要的基本行为方式。

首先，在一个项目团队中的相互尊重会让事情变得更顺利、更好。当人们不尊重彼此时，一切都会慢下来。假如你在商务会议上不尊重对方——看不起他们，怀疑他们的动机，抵制他们的观点，你的谈判会议一定不会一帆风顺，肯定会遇到重重障碍。

现在，再想象一下和互相尊重的人会面是什么场景：讨论进行顺畅，分歧得以表达，交流开诚布公，协议迅速达成。这是情感成熟的画面。尊重能够加速项目的进程。

尊重他人，首先要尊重自己。尊重本身就是一种回报。如果你对自己和他人诚实有信，无论项目的结果如何，你都是成功的。

展现尊重并不意味着要低三下四，委曲求全。你可以通过坦诚相待来表示尊重，可以彬彬有礼但又坦诚地告诉大家要对自己的工作负责。事实上，如果你考虑周全，对所有人员都一视同仁，坦率的言辞就是一种尊重。

如何展示尊重呢？首先要践行其他四大基本行为准则：首先聆听、明确期望、传递信任和承担责任。如果你能够成功践行这些基本行为准则，言出必行，人们会乐意加入你的团队并共同努力取得成功。

这五个基本行为准则不仅仅是表面行为。如果你表里不一，说一套做一套，人们早晚会发现真相。没有真正具备负责人的内在品格，即使你对项目管理流程了如指掌，但仍然可能失败。用一位优秀项目经理的话来说，你的项目将会金玉其外，败絮其中，中看不中用。总而言之，正如伊丽莎白·哈林所说，“做个好人。”

践行这些行为准则需要纪律的约束。你可能即将错过最后期限，而且无法挽救、超出预算、团队还没有组建完善，高层领导想要推翻你所做的一切，你的老板说："我以为这个项目现在能够完成。你到底怎么回事？"

在这种压力下，如果你实践这些行为准则，你就能够保持冷静。勤加练习，直到习惯成自然。如果不这样，你将陷入管理流程的泥淖而不是带领团队，更糟糕的是，你会发现自己在逃避责任。无论哪种情况，你都不会创造出什么有用的价值。

项目领导经常因为这两种大相径庭的管理方式而失败：放任不管和事无巨细地管理。

有些低效的项目管理者对团队不管不问，让他们自己摸索前进。有时经理们故意放权给团队，认为这是"磨砺的爱"。他们认为培养团队成员的方式是放权，让他们独立成长。没有什么比这更有用了。其实，对团队和项目进度保持关注是至关重要的。一旦你设定了明确的期望，就要追踪团队的进展，看看他们是成功了还是失败了。

与此相反的方法是事无巨细地管理。过于纠结细节的经理们会削弱团队成员的主动性。还有一些管理者两者兼顾——他们有时会放任团队，然后在事情出错时及时介入，扮演英雄的角色。

那么，你该如何将这些基本行为准则付诸实践呢?

我们将向你展示如何做到这一点。我们已经将高效的项目管理原则融入了本书提供的工具中。我们设计这些工具来鼓励成熟的团队践行该行为准则。正确使用这些工具，你将带领项目团队取得成功。

管理流程

“管理流程”是成功公式中的第三大要素。

有些人不喜欢“流程”一词，因为它听起来就像工厂里叮当作响的机械声，我们不想把自己看作是装配线上的齿轮。如果“流程”这个词不能激发你的灵感，你可以选择一个更喜欢的词：途径、进展、行程——任何你喜欢的以P开头的英文单词都行。

但无论使用何种术语，你仍将通过一个过程来执行你的项目。这可能是一个复杂、烦琐的过程，也可能是一个简单、高效的过程。一个好的流程可以让事情变得更容易——同时也可以给你提供灵活性和安全性，以便你明白自己没有毫无头绪、漫无目的地浪费时间和资源，必要的话，还可以及时调整这个过程。

从历史角度来看，管理项目流程有两种通用方法：瀑布方法和敏捷方法。有些项目经理总是二选一，非此即彼；然而，如果你不是一个出色、业务熟练的项目经理，这两种方法都可能很复杂、难以驾驭。

瀑布方法

这种传统的项目管理过程是一种循序渐进的方法，被人们称为“瀑布方法”，因为由此产生的项目时间表看起来就像一个瀑布：

瀑布方法的演变过程就像具有固定流程、明确目标和最后期限的项目管理过程一样，比如从悉尼飞往伦敦或建造一座摩天大楼。就是这种方法让人类登上了月球，建造了上海中心大厦。在项目启动时，该方法

瀑布方法

确定了项目的价值，并在整个建造过程中进行微小的修改，最终价值在项目完成后得以实现（或未实现）。

敏捷方法

不过，和其他事情一样，项目管理也是不断发生变化的。

人们希望事情做得更快些，并希望在签署项目之前确保项目的价值。而速度并不是唯一的问题。当人们严格地遵循流程、完成项目后，却发现结果与自己的预期相差甚远，因此会付出巨大的成本代价，所谓的价值也就无从谈起。

商机稍纵即逝的市场并不总是愿意等待，看着“水”按照有序的步骤沿石阶流下。诸如软件、广告和营销、银行等行业正在转向更灵活的项目管理方法，该方法被统称为“敏捷方法”。

敏捷方法起源于软件开发领域，其产品在不断添加新的功能和特性的过程中不断发生变化和改进。

采用敏捷方法的人们专注于快速交付，同时在创建项目的过程中不断重新思考项目的价值。成员之间密切合作，进行适当的变更以迅速完成项目。

敏捷方法从一个初步的计划开始，然后团队进行“迭代”，他们快速开发可交付的成果，进行部署和测试，最后团队合作进行审查。他们提出问题，然后再重复（迭代）这个周期，并在运行过程中解决问题。所有问题都解决后，他们就可以结束项目并推出最终的可交付成果。敏捷方法帮助团队在迭代的过程中创造价值，以确保项目交付客户所需的成果。

敏捷方法

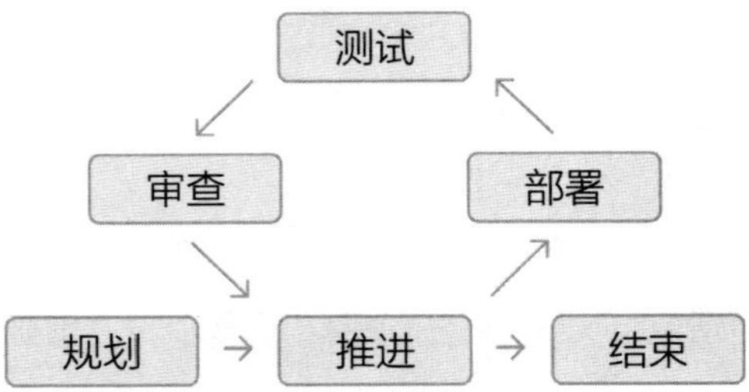

对于今天的非职业项目经理来说，我们汲取了瀑布和敏捷两个方法的优点，为你提供一个行之有效的流程，可持续实现项目成功的目标。以下是如何引领你的项目的过程：

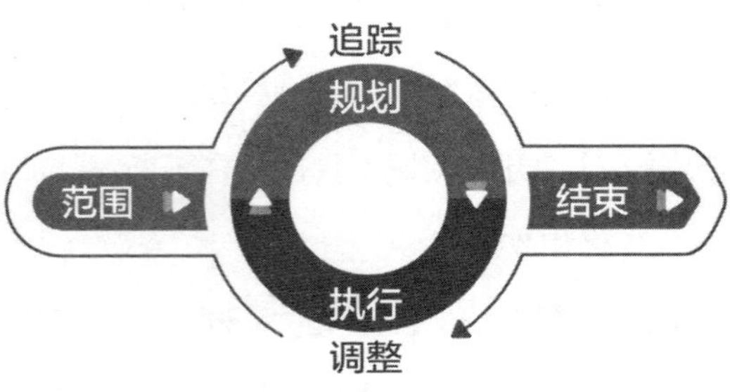

首先，明确项目的范围，从而定义受益人从中获取的价值。

其次，制订计划，思考如何实现这个目标。我们鼓励成员全情投入工作，需要时可重新审视计划。

在整个过程中，进行追踪与调整，以确保我们始终朝着创造价值的方向前进。

最后，结束项目，庆祝成功并总结经验教训。

事实上，我们已经不自觉地遵循这些步骤。例如，你有没有粉刷过公寓？如果有的话，你就知道整个过程是如何进行的。

首先，你去油漆店买油漆。这时，你的项目已经启动。售货员会与你交谈以明确期望。她会问："墙是什么材料做的？你想刷几面墙？你喜欢什么颜色？是油漆还是乳胶漆？"她将你的回答整理成清晰的项目范围说明书。这就是**明确项目范围**。

接下来，你和销售员及颜料调配员商讨，计划油漆的种类和数量以及你需要的工具和时间等等。

现在你的项目进入到**执行阶段**。调配好油漆后，团队成员聚在一起（你、你的伙伴和你最好的朋友），收拾好墙面，开始涂刷油漆。

在整个过程中，你会进行**追踪与调整**、监测结果、留意滴漏和漏刷的地方、检查每一层油漆的效果、修补漏刷的地方——确保墙面看起来符合你的期望。或者你可能想要做一些改变——在墙上门框部位涂不同的颜色，或者在墙上设计一些图案。你的朋友建议在浴室使用淡紫色而不是蓝绿色。**追踪与调整**是为了获得反馈并根据反馈情况采取行动，以确保提供最高水平的价值——即使新的变化与项目最初的范围并不完全相符。对有价值的反馈采取补救措施会创建一个更有价值的项目。

最后，你进行项目的**收尾工作**。油漆工作完成后，你们开始清理现场，将家具摆回原位，然后吃比萨庆祝。实际上，项目“**结束**”阶段需要比这做得更多——你需要总结项目的经验教训以供未来参考，让客户签字确认，同时要表彰和奖励所有为项目做出贡献的人！（吃比萨是可行的。）

本书的其余部分围绕着从瀑布方法和敏捷方法中借鉴的五个步骤展开。更重要的是，如果你遵循这五个步骤，你就是在使用大家普遍认可的项目成功原则。你还会听到像海达这样的项目经理的故事，并从中学到什么方法有效、什么方法行不通。

到本书结束时，你就会掌握使项目成功的基本流程和工具。

总结

简而言之，一个项目的成功取决于以下公式：

成功 ▶ 价值+人+流程

你的首要任务是为客户创造价值。作为团队负责人，你可以通过践行五大基本行为准则和出色地管理流程来实现这一点。富兰克林柯维公司的项目管理流程包括五个步骤：明确项目范围，制定项目规划，确保团队参与（实行责任机制），追踪与调整，最后成功地结束项目。

检查你的学习成果

√ 遵循项目管理流程与创造价值有什么区别?

√ 什么是非正式权威，为什么它对非职业项目经理人很重要?

√ 你如何与团队成员建立非正式权威?在五大基本行为准则中，你本人有哪些需要努力改进的地方?

√ 富兰克林柯维公司项目管理流程的五个步骤是什么?

第三章

项目范围：将预期量化，让团队成员达成共识

CHAPTER 3

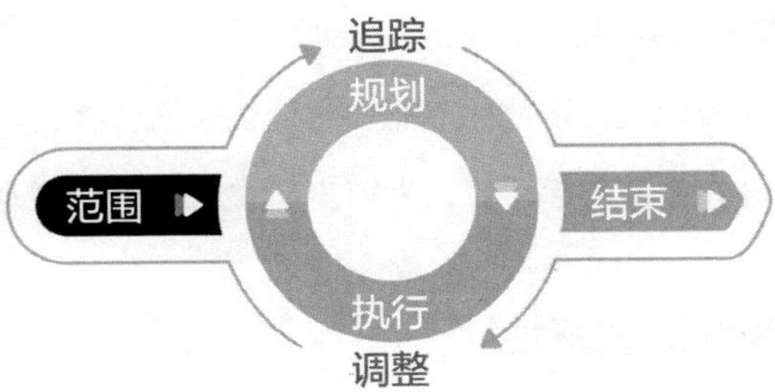

项目的范围是“什么”：“我们打算做什么，需要做什么来完成任务？”

尝试一下这个实验：给实验者蒙上眼睛，带他们到公园里，然后让他们沿直线向前走，会发生什么？

他们会不停地转圈，无一例外，只不过有时圈大点儿，有时小点儿，而且他们走的不是正圆，总是歪歪斜斜，有时朝东走，有时又朝西边走，有的人甚至还会绕回来。

这个例子说明：人被蒙上眼睛后就无法走直线了。

为什么会这样呢？很显然，当人们无法看到太阳、月亮、山顶或路标等参照物时就会一直原地转圈，没有这些东西做参考，我们就不能继续前进。

这就是为什么在项目管理中明确范围如此重要。如果我们不知道前进的目标是什么，就像被蒙住了双眼，只能凭感觉找方向，到最后又“绕回来了”——返工、不断猜测或因为项目“范围变化”而压力倍增，这些都预示着项目可能会脱离最初的预期，或者超出你能够控制的范围。

根据《项目管理知识体系》的说法，项目的“范围”是“为交付具有特定性质和功能的产品、服务或结果所需要完成的工作”。简单地说，范围决定了你要做什么，以及你不需要做什么来创造价值。

本章将指导你如何发起项目，大踏步前进，而不是原地转圈。

对初始条件的敏感性

明确范围是项目管理五个步骤中最重要的一环。因为在这一阶段，对项目范围的任何微小的误解都可能导致一场灾难，这个原则就叫作“对初始条件的敏感性”。

从悉尼飞往伦敦的飞机，如果一开始航线就偏差了一度，那么，最后飞机可能会飞到里约。管理项目也是同样的道理，缺乏对结果清晰一致的认识，项目必将以失败告终。

一个上百万美元的项目被搞砸了，公司请来一位项目管理咨询师，但咨询师发现整个项目就像雾里看花，“这个项目中，各个利益相关方的想法差了十万八千里，我的第一个任务就是找到问题的根源。所以，我就项目的几个关键问题对10个主要利益相关方进行了访谈，结果发现他们的回答各不相同！”

有些专家认为项目失败的首要原因是“在数据和信息不足的情况下得出的不切实际的预期”。你必须确保每个人都看到相同的项目结果。对相关人员来说，它的价值必须是明确和不容置疑的。

那么，该如何实现呢?

首先，了解每个人对项目的期望。你可能认为每个人心中的想法都一样（例如，“一双漂亮的棕色鞋子”），但聪明的项目负责人一开始就必须明白，大家对期望目标不明确。如果你也这样，就不会不断听到人们不满的牢骚：“这和我们的预期不一样。”

为了得到一个清晰的预期，我们需要：

◎ 确定主要利益相关方。

◎ 对主要利益相关方进行访谈。

◎ 记录项目范围。

确定主要利益相关方

首先，让我们看一下利益相关方的定义：任何参与项目，或受到项目积极或消极影响的人。他们“持有”该项目的股份。对他们来说，有一些“利害关系”牵涉到项目中。

当我们确定主要利益相关方并巧妙地采访他们时，我们就开始扩大范围。我们想知道他们期望从这个项目中得到什么价值。

在确定利益相关方时，我们应尽可能考虑到我们能想到的每个人，这样就不会有被漏掉的人抱怨说："拜托，你为什么不问问我的意见呢？"

一旦确定了所有的利益相关方，我们就确定了主要利益相关方。他们是决定项目成败的人，也是项目的"决策者"。

无论在项目内部还是外部，他们都是客户。他们是那些"需要这个项目"的人。他们可以帮你清除障碍，或在你无法清除障碍时给你施加压力。他们是客户、监管机构、法律顾问、政客、社区成员或社会活动家。他们也是批评家、怀疑论者、顾问、专家、拥护者或反对者。总之，他们掌管着项目的生杀大权。

要确定主要利益相关方，请通过头脑风暴列出参与项目或受项目影响的人员清单。找同事、团队成员或者朋友来参与头脑风暴帮你列出清单——参与的人越多越好。这样你就不会漏掉任何一个应该出现在名单上的人了。

工具：利益相关方的身份

进行头脑风暴时，速度要快。数量越多越好，不要评判自己的观点，大家在彼此的想法上添加新的内容。你可以把写满想法的便利贴贴在白板上或者使用电子头脑风暴工具进行头脑风暴，比如上页的工具。

或使用下例思维导图：

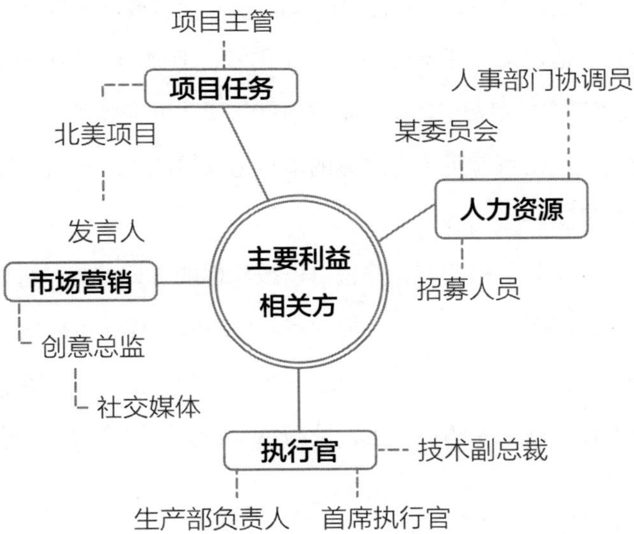

如果头脑风暴进行得很彻底，你就不太可能在后续的过程中措手不及。在识别每个可能的利益相关方时，你付出的努力越多，失败的可能性就越小。

让我们来看一个虚构的例子吧。海达的制药公司花费数年开发了一种新药，结果因为需要每天服用两次遭到人们嘲笑。竞争对手的药物每天只服用一次，但效果基本相同，然而开发团队竟然对此一无所知，因为他们的项目团队中没有市场营销人员。于是产品营销总监走过来说：

“为什么不咨询我们？我们本可以告诉你们，一天服用两次的药根本卖不动。”

在另一个例子中，一家大型银行花费6个月的时间开发了一个新产品项目。团队预计会“取得巨大成功”，吸引大量客户并大量创收。但当他们准备推出这款产品时，银行的律师们——没有被征询意见——看起来很不满意。他们说：“我们很喜欢这个创意，但你们所做的一切都是非法的。”该项目白白浪费了团队大把的时间，团队沮丧极了。

花时间识别出所有可能会对你的项目感兴趣的人，你就会减少这种功亏一篑的风险。

一旦确定了利益相关方，你就可以按照你的方式对其进行分类：决策者、客户、思考者、创造者、拥护者、反对者。你还可以按功能对其进行分类：销售、营销、财务、行政、客户服务、生产、法务、产品开发等。或者在头脑风暴的白板上，按颜色、层次结构等对它们进行分组和排列。

最重要的类别是主要利益相关方，因为这些人决定着项目的成败。

大多数项目负责人都低估了这一步骤的重要性。他们只与一个客户、一个赞助商或一个经理交流，并认为他们对预期有清晰的了解。海达可能会想，这就是特斯曼想要的结果，我们动手去做吧。

在现实世界中，项目的预期往往是多元甚至冲突的，因此每个项目绝不止有一个利益相关方，许多人都和项目息息相关——赞助商、赞助商的上司、赞助商上司的上司、财务主管（最重要！）、关键客户、关键部门负责人等。

价值的大小因人而异，这些主要利益相关方共同决定你的项目是否有价值。此外，价值与相关性不同——对一个利益相关方来说不太重要的事物对另一个利益相关方可能非常重要。例如，在一个项目中，对某个利益相关方来说，更换办公楼中的灯泡可能很有价值，但这个项目对其他人有什么相关性呢？

你的项目必须对主要利益相关方有价值且有相关性。

要确定哪些是主要利益相关方，请使用以下思维工具，我们称之为主要利益相关方之舞（DANCE）。选择以下主要利益相关方：

工具：主要利益相关方之舞（DANCE）

决策者（DECISIONS）	做出控制或影响项目成败决策的人。
权限者（AUTHORITY）	有权决定项目继续或停止的人。
需求者（NEED）	直接受益于项目或受项目影响的人。
相关者（CONNECTIONS）	与项目团队、资金或资源有关的人。
能量者（ENERGY）	能够给予正能量或负能量，从而影响项目成败的人。

D、A和N的类别通常很容易判断。他们决定着项目的价值、获批权、项目预算的签署权，因此，你需要辨别出他们中的每一个人。

但是也不要忽视C和E类的主要利益相关方——那些影响项目状况和牵扯项目精力的人。尽管他们的权威可能是非正式的，这些“有影响力的人”通常会对项目产生很大的影响，他们可能包括其他部门的成员、社区活动家，甚至是决策者的朋友或家人。

E类利益相关方具有足够的正面或负面能量，足以影响项目的成败。你是否遇到过那些浑身充满负能量的人？他们具有不可告人的目的、谎话连篇。你不希望和他们合作，但又需要他们的专业知识或认可。因此，你必须“引导”他们，否则可能会面临极大的麻烦。

五大基本行为准则有助于你应对那些个性十足、难以对付的人。如果你能换位思考，站在他们的角度，耐心地倾听他们的意见，明确他们的期望，尽可能地信任他们，让他们对自己的行为负责，并尊重他们的观点，他们可能会变得更加积极，不再那么消极。此外，具有正能量或背景强大的主要利益相关方可以抵消一些负面能量。同时，你还可能发现，具有负面能量的人可以打破常规群体思维模式，提出更新颖、更有创造力的想法。

对主要利益相关方进行访谈

一旦你列出了所有主要利益相关方的清单，就要尽早从他们那里得到尽可能多的信息，要彻底地对他们进行访谈，其原则就是“提前准备”，意思就是要尽早从尽可能多的人那里获得尽可能多的信息。

许多项目负责人都犯了没有做好前期准备的错误。问他们为什么不这样做时，他们的答案总是一样的：

◎“我没有时间做这个。”

◎“我觉得我已经知道他们想要什么了。”

◎“我不知道怎样做访谈。”

◎“我无法接触到那些主要利益相关方。”

◎“我不想让他们对我失去信心。问很多问题会不会让他们觉得我很愚蠢？”

每一个这样的借口都会让你的项目从一开始就面临真正的危险。同时，其中一些可能是真实存在的问题，例如，“我无法接触到那些主要利益相关方。”

要接触到繁忙而有影响力的大人物确实很困难。因此，这里有一些与主要利益相关方建立联系的建议：

寻找利益相关方喜欢的沟通方式。他们喜欢接收短信还是电子邮件？他们喜欢面对面交流还是电话交流？

介绍自己和自己的职务。如果他们不认识你，确保他们充分了解你联系他们的目的。

对于高层利益相关方，请与他们更喜欢交流的中间人联系。有些人更希望你与其他了解情况的人交谈，由于他们所处的地位，他们可能不了解你手头的项目。

抛出“有吸引力的话题”吸引他们的注意。所有人，尤其是时间比较紧的人，都需要了解WIIFM（“What's in it for me?”）原则——“对我有什么好处？”因此，从一开始就要抛出他们关心的话题来吸引他们的注意力。

◎“我知道这个项目对您的销售目标至关重要，为了保证项目的成功，我希望能够从您那里得到尽可能多的信息。”

◎“您的意见至关重要。凭借您的研究专业知识，我们的项目一定会取得成功。”

◎“为了项目能够成功，我希望核实一下，我是否完全理解了您的预期。”

简单地解释一下你需要什么及其原因，以免浪费他们的宝贵时间。“文达博士，由于我们正在努力加快药物开发流程，我们需要您与我们分享您在加速药物开发项目方面的经验——具体来说是5-FL项目和6-SV项目。”

后续跟进。不要轻言放弃，通过电话、电子邮件或聊天进行后续跟进。不要让他们蒙在鼓里，时刻让他们了解项目的进展情况。

胆大心细、考虑周全，尽量满足双方的需求。你的利益相关方并非要破坏你的项目——他们只是太忙了。因此，要鼓足勇气站出来，说明自己为什么要占用他们的时间，让他们知道与你交谈的价值。提前准备好几个关键问题，仔细引导谈话方向，然后竖起敏锐的耳朵，认真倾听。珍惜与他们访谈的宝贵时间，一分钟都不要浪费。

不要认为你已经了解利益相关方想要什么。如果你被指派去管理一个小项目来“加快整个项目进程”，你需要问：“为什么要加速，加速多少，何时加速，谁可以帮忙，谁决定什么速度才是最合适的速度？”你可能还需要问：“预期的投资回报是什么？投资的净现值是多少？”如果这一切都没有明确的答复，你就如同蒙着眼睛朝着一个大致的方向前进，实则始终在原地兜圈子。

你的目标是在项目开始之前了解每个主要利益相关方的独特见解和期望的结果。

使用以下项目范围说明书来指导你的访谈。

工具：项目范围说明书

项目名称：

<table>
<tr><td>项目目的</td><td>反馈循环</td></tr>
<tr><td>我们为什么要做这个项目？</td><td>谁需要做出反馈呢？何时以及如何？</td></tr>
<tr><td>项目描述</td><td>人力资源</td></tr>
<tr><td>你如何描述这个项目？</td><td>谁是团队的核心成员？</td></tr>
<tr><td>预期结果</td><td>优先事项</td></tr>
<tr><td rowspan="7">要想取得成功，我们必须取得哪些具体的成果？</td><td>你将如何对这些限制条件进行排序？
（1=最重要）
时间:　　质量：　　预算：</td></tr>
<tr><td>时间</td></tr>
<tr><td>这个项目什么时候结束？</td></tr>
<tr><td>质量</td></tr>
<tr><td>做到什么程度算“完成”？我们怎么知道呢？</td></tr>
<tr><td>预算</td></tr>
<tr><td>预算是多少？</td></tr>
<tr><td>排除项</td><td>验收标准</td></tr>
<tr><td>哪些东西超出了项目的范围，不应该包括在内？</td><td>谁需要在这个项目上签字？什么时候签？</td></tr>
</table>

你需要向所有主要利益相关方提出上表中列出的问题。

我们简单地看一下这个工具每个部分的内容，以基马尼项目为例，基马尼是美国一所城市学校的教师团队的负责人。

项目目的

“我们为什么要做这个项目？”

项目目的应该与公司的目标密切相连。例如，基马尼学校学生的阅读分数停滞不前，所以该校的战略重点是提高学生的阅读水平。（请注意，该工具包含项目目的和预期结果两个部分。它们之间有什么区别？具体情况，我们下面会看到。）

项目描述

“你如何描述这个项目呢？”

这里你要从项目的方式、内容和时间方面来提问。“学校将哪部分时间用于阅读教学？我们该使用什么方法？需要什么阅读资料？如何衡量学生的进步程度？我们将如何表彰阅读能力提高的学生？谁可以帮助我们？”等等。

预期结果

“要想取得成功，我们必须取得哪些具体成果呢？”

应该尽可能具体地描述预期成果，并与战略优先事项紧密相连：“阅读流利度和理解度显著提高。”你如何衡量这些指标？何时能够确定你已经实现了这些结果？

例如：

◎“每学期将阅读总分提高3个等级。”

◎“在学年结束时，有60％的学生达到本年级的阅读水平（目前仅为47％）。”

◎“在学年结束时，将熟练阅读分数提高20％。”

排除项

避免著名的“范围蔓延”（scope creep）的好办法是在项目最初就决定项目中不应包括什么。例如，基马尼的团队选择不参与外部利益集团推出的某些测试计划。了解排除项可以避免没必要做的工作或避免把时间和金钱浪费在没有价值的工作上，徒增烦恼。

反馈循环

“谁需要做出反馈呢？”“什么时候，怎么做？”

反馈循环可以让你继续朝着创造价值的方向前进。良好的反馈可以帮助你保持最初的承诺，可适当调整（在合理的范围内），这样你就可以在完成项目的过程中对其价值进行必要的修正或巩固。这与范围蔓延截然不同。

例如，基马尼的利益相关方包括她自己的团队成员、学校管理部门、地区阅读资源官员、学校的社区委员会（家长代表）和课程供应商。

询问利益相关方：“在项目进程中，您需要了解什么以及何时需要了解？”还要告诉利益相关方：“这是我需要了解的内容以及何时需要了解。”明确获取和提供反馈的方法——电子邮件、短信、电话、视频会议等，无论采用哪种方式，一定要把时差考虑在内。例如：

“陶妮：根据风险管理规划书对课程选择做出反馈。（与西海岸的教材提供商进行对接。）”

“艾琳：每周向社区委员会提供有关项目的任务和结果的反馈。”

“雷恩：对个别学生的异常情况做出反馈——每周召开一次团队会议。”

人力资源

“谁是团队的核心成员？”

如果你有幸选择一些或全部团队成员，一定不要被表面现象蒙蔽——他们是否具有真正的专业技能。正如我们之前强调的，与践行五大基本行为准则的人为伍，你将取得更好的进步。

如果可能的话，选择那些善于倾听且直言不讳的人。选择你信任、对自己的工作负责的人，选择尊重他人的人。通常，这些人际关系技能对项目的成功至关重要，甚至比专业技能更为重要。

如果是全公司范围的项目，你可能需要跨职能的团队成员：“市场部的阿卜杜勒、财务部的罗布以及销售部的肖恩特尔。”

显然，你不可能总是有权选择你的团队成员。在基马尼的例子中，她和学校的老师一起工作，不管他们对这个项目的热情程度如何，都必须参与其中。但是请记住，无论团队成员是不是你的首选，你自己对五大基本行为准则的承诺都不应该因为团队成员的结构而改变。你希望团队成员能够感受到被包容、受到尊重并公开受邀，心甘情愿地投入到项目中，竭尽全力争取项目的成功。你会吃惊地发现，当他们感到得到领导的尊重和包容时，即使对项目兴趣不浓厚的团队成员也会感到振奋不已。

优先事项

“你将如何优先考虑这些限制因素？”

时间：项目必须“不早于”……开始，且“不迟于”……结束。

质量：必须符合这两个方面的质量标准：流程和产品。你是否遵循了高质量的项目管理流程？（如果你坚持阅读这本书，你会的！）你的最终交付成果是否符合利益相关方的要求？它是否具有他们所要求的好处和功能？（质量是主观的——利益相关方决定着它是什么样子。）

预算：审核批准的成本估算值。

我们最关心的是按时完成还是高质量地完成工作？还是说，预算是最重要的？

这些约束就像蜘蛛网中的蛛丝一样，拉动其中任何一根蛛丝，整个网都会受到影响。如果质量最重要，它会影响项目的预算和交付时间。如果时间最重要，你可能需要降低项目的质量，而且预算就要多一些。以此类推。

如果你的项目是粉刷公寓，你不可避免地要面临一些约束条件：

时间：“我只有一个周末的时间。”

质量：“我想在墙上使用一种颜色的油漆，在门框上使用另一种颜色。”

预算：“我已经为这个项目预留了100美元。”

总的来说，这些约束条件可能合理也可能不合理。例如，油漆需要比乳胶漆施工更仔细、清理更复杂。至于预算，乳胶漆的价格一般比油漆便宜一半左右。你可能买不起你想要的不同种类的油漆。

所以你要把需要做的事进行先后排序。考虑到时间和预算的限制，你可能不得不降低油漆的质量——只有一种颜色而且更便宜的油漆。如果真的想要高质量的油漆，你就需要花更多的钱和更长的时间来完成该项目。

一定要请主要利益相关方对这3个约束条件进行排序，并解释这样排序的理由。

我们的一位同事讲了这样一个故事：

星期二早上，市场总监在走廊上拦住了我说："我一直在找你，我有一个时间比较急的项目需要你的帮助。"

市场总监接着讲了情况，我了解到她想在周末的产品发布之前准备一个新的播客。她接着说："我需要你写一个很酷的播客脚本，这样在产品发布之前，我就可以在周四晚上录制好。我想让大家了解新产品的所有功能。另外，做一个漂亮的播客封面和通告，这样我们的客户就会知道新产品即将推出。"

我问："这个项目有多少预算，我找产品开发部门中的谁帮忙呢？"

"从你的自由预算中扣除。我们没有多余的人手了，别去打扰产品开发部门的人员——他们正忙着准备产品。"

我感觉到巨大的压力，这一切对我来说都不是什么好兆头。在学会项目管理技能之前，我可能会说，好的，然后一筹莫展地走回到办公桌前。与之相反，我让市场总监帮我把要做的事情的优先项做了排序，重新组织了她的预期。

“哪件事最重要？一个很酷、信息全面的脚本；只用我预算中剩下的200美元；还是在周四之前全部完成？”

她做了一个典型的首席执行官式的回答：“全部都重要！”

于是，我换了一种方式提问：“我知道这一切都很重要，但我们可以这样想。在产品发布之前发布播客是最重要的吗？能不能多花点儿时间把播客做得更酷，这次就按照我们已经制订的交流计划进行？我们可以在下周制作一个非常完美的播客，但要在周四之前完成，时间真的有点儿紧。”

她想了一会儿说：“不行，我们需要在周六之前发布播客，以扩大产品的影响力。”

“好的，所以在周四之前准备好播客脚本是最重要的任务吗？”

“是的。”

“太好了，这很有帮助，”我继续说，“无法接触开发人员，我不知道有关产品的最新信息。您是否接受一个只有产品概述而不涉及所有细节的脚本？”

“我想那也可以。我可以自己添加一些产品细节，我只是不想让你现在去打扰开发人员。”

“好的，我想我可以做到这一点。但是一个高质量的封面需要艺术设计和近千美元的预算，特别是如果您希望在一夜之间完成的话。如果没有资金和外援，我不能保证能让您称心如意。”

“需要多少钱，多少人手？”

“我需要一点时间规划一下，尽快给您答复。”我说。

“好的。”

她离开时，我满意地笑了。

为什么我们的同事满意地笑了？

因为通过明确期望和为约束条件排序，她争取到了更多的预算和资源，非但没有愁得抓破头皮，反而提高了完成预期的概率。

验收标准

“谁需要在这个项目上签字？什么时候签？”例如，如果老板需要高质量的播客封面，那么绘图部门的人需要创建图像。这可能意味着你需要绘图经理的批准。你可能还希望营销总监在播客脚本上签字——以确保你得到的信息准确无误。

到目前为止，你就可以理解为什么与主要利益相关方交流是那么重要了。请记住，价值就在主要利益相关方的心中——如果不确定价值是什么，你可能会劳心劳力，把大量时间和精力浪费在一项毫无价值的项目上。

如何提问

提问时，你要从一般问题到具体问题，这样你就可以尽可能精确地了解主要利益相关方心目中的愿景。

通过以下漏斗筛选你的问题：

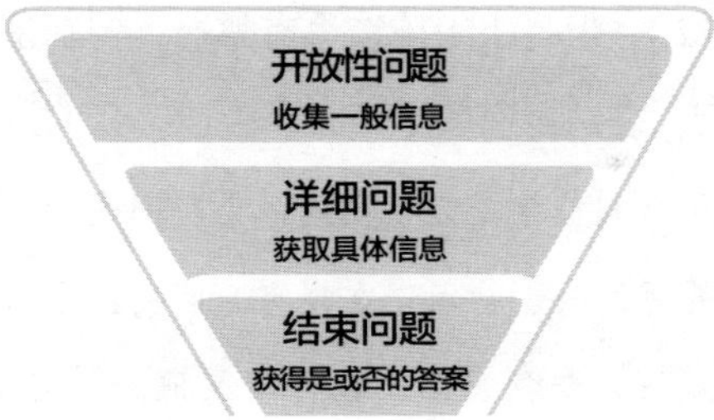

◎ 开放性问题涉及整体情况："您对项目的成功有什么看法？"

◎ 详细问题深入挖掘更精细的信息："您能具体说说这对您意味着什么或您能详细描述一下您的看法吗？"

◎ 结束问题是成功的关键："所以我听到您说的是……我理解得对吗？"

使用提问漏斗来明确项目的价值。如果不这样做，你就会得到过于笼统的答案（"我需要一个酷炫的播客脚本"）。使用详细问题深入了解具体信息（"你所说的'酷炫'脚本是什么意思？""应该有多长时间？""你想要问答的形式吗？"）。

结束问题的提问可以让你清楚地了解利益相关方真正想要什么（"好的，我听您说过，时间应该不超过15分钟。问答的形式会比一个人介绍更有趣。'酷炫'的意思是说要充满了亮点和激情，比如背景音乐和一些客户的好评。我理解得对吗？"）。

有时你可能无法单独与主要利益相关方交流，需要与他们的小组会面。小组访谈可能效果很好，你能更快地获得更多的建议，当大家各抒己见，并对别人的观点加以补充或延展时，你可能会获得更好的见解

（这被称为协同效应）。但是小组访谈也有弊端，特别是大家都互不相让，在别人发言时插话，表达自己的见解时。因此，我们给出以下建议：

◎ 尽可能请所有利益相关方聚在同一个房间或同时在线。

◎ 设定严格的时间限制。承诺在规定时间内结束，并严格遵守。

◎ 设定一个规则，任何人都不能打断其他人。会议的目的是倾听彼此的意见。

◎ 每个人只有几分钟的时间回答你的问题。

◎ 不要与任何人争论。只有在需要明确某个问题时才会问一个问题。然后感谢对方，访谈继续。

◎ 做好会议记录并将结果分发给所有利益相关方。

将五大基本行为准则作为会议的基本规则定下来可能是个不错的主意。

如果遵循这些建议，你将在最短的时间内得到最大的信息量。

请记住，项目容易引起争议。利益相关方可能会彼此产生分歧。他们会质疑你所采取的方法、成本、资源、时间——甚至是否真的有必要进行该项目。但在小组访谈的环境下就不会出现这种情况。

一定要明确说明，他们在会议上要尊重彼此，认真倾听每个人的意见。你可以稍后再约定时间讨论问题（你的项目管理应用程序可能有追踪这些问题的功能）。

即使你的提问产生了一个与你之前的想法大相径庭的观点，也请不要感到惊讶。你要从一个新的角度来看待这个项目。利益相关方会感激你澄清了许多事情。

最重要的是，你将从利益相关方那里了解到项目的真正价值。因此，该项目将会带来良好的投资回报，而你作为优秀负责人的影响力将会不断增加。

记录项目范围

你的访谈结果应该以项目范围说明书的形式呈现出来。

根据《项目管理知识体系》，项目范围说明书定义了项目的主要元素，即"为交付具有指定特征和功能的产品、服务或结果所执行的任务"。以下示例是对基马尼提高学生阅读能力的项目范围的设定：

工具：主要利益相关方访谈

项目名称：分级阅读项目

项目目的	**反馈循环**
我们为什么要做这个项目？ 我们学校学生的阅读成绩停滞不前。53%的学生阅读水平低于年级水平，只有19%的学生能熟练阅读。所以提高阅读水平是我们的首要战略重点。	谁需要做出反馈呢？何时以及如何？ 我们的团队成员、校长和副校长、地区阅读资源官员、学校的社区委员会（家长代表），以及我们的课程阅读环提供者。

（续表）

项目描述	人力资源
你如何描述这个项目？ • 将独立阅读时间增加到每天45分钟。 • 使用阅读环语音和全物理反应法，为每个学生获取RR材料。 • 使用RR测试材料来测量进度。 • 用从火箭到彩虹的标签来庆祝学生取得的成就。 • 从社区委员会招募阅读志愿者。	谁是团队的核心成员？ • 基马尼，项目负责人 • 陶妮，课程阅读环内容专家 • 艾琳，社区委员会代表 • 雷恩，特殊教育机构 • 阿尔佐，一年级代表 • 弗勒，二年级代表 • 吉姆，三年级代表
预期结果	**优先事项**
要想取得成功，我们必须取得哪些具体的成果？ 阅读流畅性和理解能力有可衡量的提高。 每学期将总阅读分数提高3个等级。 有60%的学生在学年结束前达到年级水平的阅读能力（目前只有47%）。 在学年结束前将熟练阅读分数提高20%。	你将如何对这些限制条件进行排序？ （1＝最重要） 时间：1　质量：2　预算：3 学生在阅读能力方面明显落后了一年。在本学年结束前达到年级水平是至关重要的。
	时间
	这个项目什么时候结束？ 学年末结束。
	质量
	做到什么程度算“完成”？我们怎么知道呢？ 达到预期的结果时，就算“完成”。
	预算
	预算是多少？ 三年订阅/学生＝61美元+杂费。 合计：15000美元

（续表）

排除项	验收标准
哪些东西超出了项目的范围，不应该包括在内？ 不参加由公立学校办公室推广的K-3考试。	谁需要签字，在什么问题上，什么时候签字？ 教师团队将在7月20日之前在课程和教学方法上签字。 行政长官、专家和社区委员会将于8月20日前签字。

我们来看看这个示例的项目范围说明书的每个部分。“不这样做”栏包含对项目团队没有帮助的典型反应。“这样做”栏的答案更详细、更具体。

	不这样做	这样做
项目目的	我们做这个项目是因为我们的学生需要更好地阅读。	我们学校学生的阅读成绩停滞不前。53%的学生阅读水平低于年级水平，只有19%的学生能熟练阅读。所以提高阅读水平是我们的首要战略重点。
项目描述	花更多的时间来阅读和尝试新的想法。	我们将把指导和独立阅读时间增加到每天45分钟，并使用好奇课程公司的阅读环方法和提供的材料改变我们的教学方法。
预期结果	超过去年的阅读水平数据。	• 每学期将总阅读分数提高3个等级。 • 有60%的学生在学年结束前达到年级水平的阅读能力（目前只有47%）。 • 在学年结束前将熟练阅读分数提高20%。
排除项	没有外部测试	不参加由该地区推广的K-3阅读考试。
反馈循环	管理员	行政人员、地区阅读专家和社区委员会。

（续表）

	不这样做	这样做
人力资源	全体教师	一至三年级教师、校长、资源专家、志愿者家长。
优先事项	时间	学生的阅读能力明显落后了一年。在本学年结束前达到年级水平是至关重要的。
验收标准	教师和管理人员	教师团队将在7月20日之前在课程和教学方法上签字。行政长官和社区委员会将于8月20日前签字。

用这种方式记录项目范围的优势是什么？

该文档为实现目标提供了“指南”。史蒂芬·柯维说：“我们更需要的是项目指南而不是路线图。我们通常不知道前方的地形如何，或者通过它时会经历什么，因为在很大程度上，这将取决于我们对当时具体情况的判断。但是，指南永远会给我们指明方向。”

项目范围说明书为你提供了所需的方向，而不会将你束缚在太多的细节中。利益相关方可以在同一个地方看到项目失败或成功的原因、内容、时间和方式。

你可以召开项目启动会议，与主要利益相关方一起审查文档。他们在范围说明书上的签名代表他们与你达成了共识。一旦他们签字同意，你至少就有了一些让他们遵守承诺的砝码。这种砝码对于非职业项目经理很有用，特别是如果利益相关方试图改变对项目范围的看法时。

项目范围说明书不一定要明确项目的具体内容。你希望在项目开始时有尽可能清晰的项目范围说明书，但在项目的整个生命周期内，你还需要接受反馈、对其不断修改。尽管它并非神圣不可侵犯，但项目范围说明书让人们对项目保持诚实，人们往往对这个宏伟项目的目标充满幻想和不切实际的想法。“在这个项目神奇的早期阶段，”赛斯·戈丁说，“我们设想的不只是完美地执行合同，还有执行时遇到的无限可能。在这个阶段，每个项目都需要一个说实话的人。”

作为项目经理，你需要成为“说实话的人”。项目范围说明书减少了项目成为利益相关方永无止境的愿望清单的风险，而你则成为满足他们所有愿望的精灵。

如何运用项目范围说明书

海达·赖辛一直对大脑结构着迷。高中时，她看了一个关于大脑解剖的视频，被其深深吸引。在大学里，她获得了生物学学位，随后又取得了大脑科学领域的硕士和博士学位。

她曾在阿姆斯特丹欧洲药品管理局（EMA）实习，在那里，她学到了很多关于药物对大脑作用的知识，然后就职于莱特尔制药公司。

在测试了几年的大脑组织样本后，她申请晋升。考虑到她在阿姆斯特丹的经验，莱特尔制药公司的高管们任命她为监管事务助理主任，然后任命她为主管。

但现在，她宁愿重新回到实验室做实验。突然间，她有了两份工作——监督研究部门和这个新项目。“缩短审批时间。”特斯曼要求道。而她知道这两份工作都不会让她有任何喘息的机会。

在助手贝尔塔的帮助下，她利用头脑风暴、集思广益，列出了项目利益相关方的清单，然后缩小范围，确定了主要利益相关方：特斯曼、董事会成员、市场总监、财务分析师、法律部门以及一些资深研究人员。她还不情愿地邀请了布拉克博士，一个头脑清晰、说一不二的研究部门的负责人。

海达进行了几次一对一的访谈，最后还与一些无法亲自参加的人进行线上小组会议。在解释了五大基本行为准则后，她要求每个利益相关方依次回答她的问题。“您如何看待这个问题？我们需要多少成本？出现问题的原因是什么？您认为我们应该怎么做？什么样的结果可以接受？项目团队需要什么样的成员？”

在布拉克博士发言前，一切进展顺利。布拉克博士是一名才华横溢的科学家，以直言不讳，经常因此得罪人、不招人喜欢而闻名。“我不知道为什么我们还在谈论这个问题，”他说，“科学决定我们如何研发药物，而不是由某个官僚制定的规则和法规来决定。我们必须继续测试治疗偏头痛的药物，一直到我们确信它有效为止，这就是现实。开发一种新药应该需要花费多长时间就需要多长时间。我们不能‘加速’科学研究！”

海达意识到麻烦来了，她多么希望现在就能得到治疗偏头痛的药啊。她一直尽量避免与布拉克博士接触，因为他是一个极度自负的人，他的情绪会影响周围的人。但她遵守了基本规则，只是简单地说：“谢谢，布拉克博士。下一个？”

但这个问题还是触发了其他科研人员的情绪。在布拉克博士的启发下，其他人也变得牢骚满腹。其中一人说，她讨厌因为不可控的事情而受到指责，她已经每周工作90个小时了，她已尽了最大的努力，时间不可能更快了。另一位科研人员对其他制药公司的生产速度表示怀疑："我怀疑他们生产流程的可信度。他们都是骗子。"医学作家埃勒特则声称公司只想快速赚大钱，从不关心生产流程。

海达感觉身上的责任更加重大了。但她最后开口说道："对，我知道科学不能急于求成。但如果我们对药品市场总是反应缓慢，很快就不能进入市场了。特斯曼知道这一点，你们所有人也知道。我相信我们可以做得更好。人们——正在遭受头痛折磨的人——现在需要我们的帮助，如果我们能尽早给予他们帮助，他们就会尽快康复，我们也会因此感到更安心。"

在那之后，会议气氛安静下来。随后，特斯曼祝贺海达与主要利益相关方达成协议。"海达说得很好，这不仅仅是利润的问题。这是为了减轻病人的痛苦和折磨。"

海达为项目确定了大致的方向。大多数利益相关方先前并不知道药品的审批速度受阻。财务分析师分享了市场滞后的严峻后果。科研人员有些牢骚，但由于底线规则，他们只能在不引起大范围争论的情况下宣泄一下自己的担忧。最重要的是，海达提醒他们，为患者做出伟大的贡献是他们的职责所在。

现在有了足够的信息，于是海达起草了一份项目范围说明书。如下所示：

工具：项目范围说明书

项目名称：加速产品进入市场的时间

项目目的	反馈循环
我们为什么要做这个项目？ 高质量地提交产品对患者和公司都有利：更快地推出产品可以缩短改善生命的疗法的等待时间，并产生更多的销售高峰。不进入市场，公司每月都会损失上百万美元。	谁需要做出反馈呢？何时以及如何？ 每月召开会议，以确保项目的价值。
项目描述	**人力资源**
你如何描述这个项目？ 我们将建立一个新的综合系统，尽早、质量更好地提交申请。	谁是核心团队成员？ 乔伦，医学作家 埃勒特，医学作家 西娅，法律顾问 布拉克博士，研究主任 豪尔赫，项目助理
预期结果	**优先事项**
要想取得成功，我们必须取得哪些具体的成果？ 两个财政年度后，平均产品获批时间加快67%，从22个月到7个月。由于平均进入市场时间的缩短，收入增加1800万美元。	你将如何对这些限制条件进行排序？（1=最重要） 时间：2　质量：1　预算：3

（续表）

	时间
	这个项目什么时候结束？ 两个财政年度后。
	质量
	做到什么程度算“完成”？我们怎么知道呢？ 批准的速度至少和我们的主要竞争对手的批准速度一样快时，就算“完成”。
	预算
	预算是多少？ 200万美元。
排除项	**验收标准**
哪些东西超出了项目的范围，不应该包括在内？ 临床试验方案必须保持不变。不得改变其有效性和安全标准。	谁需要在这个项目上签字？什么时候签？ 董事会和首席财务官将在4月30日之前签署项目规划书。

海达将范围说明书的草案分发给所有利益相关方。人们开始交流，分享自己的想法，并提出建议。一些细节发生了变化，但项目的范围基本保持不变。几天后，他们都在第二稿上签了字，即使性格古怪的布拉克博士也认为项目的范围是合理的。

想象一下，如果海达没有遵循范围界定过程中的简单步骤，会发生什么？她唯一的权威是首席执行官口头授予的。她几乎得不到忙于自己事情的其他部门的支持。她根本不知道这个项目能否创造经济价值，也不知道需要多少预算。她甚至不知道项目的目的是什么，更不知道需要多少时间才能实现这一目标。

如果没有明确的目标，你能想象她向董事会申请200万美元的项目是什么结果吗？

你能想象几个月后，她试图让一群繁忙的专业人员投入到一个他们根本不了解并且没有参与过目标讨论的项目会是什么样子吗？

你能想象在两个财政年度之后，她的项目没有任何进展是什么样子吗？

就像一个被蒙住眼睛试图走直线的人一样，她很有可能在原地徘徊，最终一事无成。

通过遵循项目范围划定的流程，海达现在拥有了一个相当于指南针的工具，为她提供了方向。范围说明书为项目提供了明确的共享期望，并内置了反馈循环，以便在项目执行过程中进行必要的调整。在项目进程中，一切情况都有可能出现，但现在，海达成功的机会大大提高了。对她来说，已经没有什么大的障碍了。

应用挑战：主要利益相关方访谈

使用以下主要利益相关方访谈空白表格，对你项目中的主要利益相关方进行访谈。

工具：主要利益相关方访谈

项目名称：

<table>
<tr><td>项目目的</td><td>反馈循环</td></tr>
<tr><td>我们为什么要做这个项目？</td><td>谁需要做出反馈呢？何时以及如何？</td></tr>
<tr><td>项目描述</td><td>人力资源</td></tr>
<tr><td>你如何描述这个项目？</td><td>谁是核心团队成员？</td></tr>
<tr><td>预期结果</td><td>优先事项</td></tr>
<tr><td rowspan="7">要想取得成功，我们必须取得哪些具体的成果？</td><td>你将如何对这些限制条件进行排序？
（1=最重要）
时间：　　质量：　　预算：</td></tr>
<tr><td>时间</td></tr>
<tr><td>这个项目什么时候结束？</td></tr>
<tr><td>质量</td></tr>
<tr><td>做到什么程度算“完成”？我们怎么知道呢？</td></tr>
<tr><td>预算</td></tr>
<tr><td>预算是多少？</td></tr>
<tr><td>排除项</td><td>验收标准</td></tr>
<tr><td>哪些东西超出了项目的范围，不应该包括在内？</td><td>谁需要在项目上签字？什么时候签字？</td></tr>
</table>

总 结

简而言之，项目管理的第一步是定义项目范围，也就是说，尽可能早地从尽可能多的主要利益相关方那里获得尽可能多的关于项目的信息。通过确定范围，你就可以清楚地了解项目的目的和优先事项。

为了正确确定项目范围，你可以通过头脑风暴列出所有利益相关方的清单，然后使用主要利益相关方访谈工具和提问漏斗找出事情的优先事项。同时在项目范围说明书中记录所有内容，并获得他们的书面批准。

检查你的学习成果

√ 解释什么是提前准备。提前准备的价值是什么？

√ 你能定义一下“成功”对你的项目意味着什么吗？

√ 描述如何进行有效的小组利益相关方访谈。

√ 你如何使用提问漏斗明确主要利益相关方的需求？

√ 项目范围说明书有哪些好处？

第四章

项目规划：设计清晰的路线图，确保做出明智的决定

CHAPTER

4

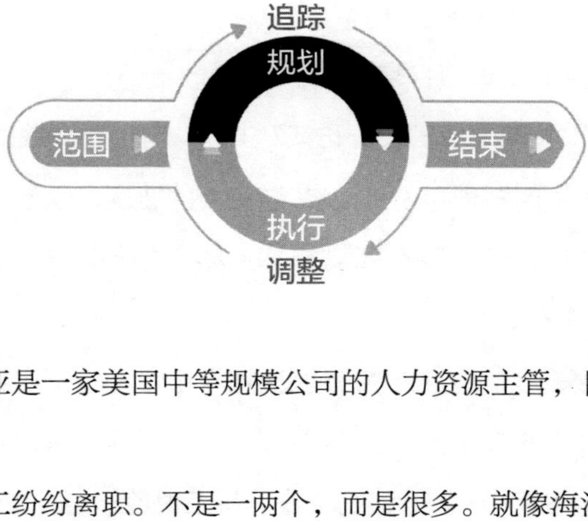

奥利维亚是一家美国中等规模公司的人力资源主管，目前正面临严峻的问题。

公司员工纷纷离职。不是一两个，而是很多。就像海浪连绵不断地拍打在沙滩上，离职潮势不可挡。她对此情况的原因非常清楚。

她的同事们的优先事项发生了变化。当前的经济动荡影响到了他们的生活。他们中的大多数人不愿将整个青春奉献给公司，想要多花点时间陪家人，多留一些时间培养自己——渴望拥有更多属于自己的时间。

传统文化将公司利益放在首位，而新文化渴望的是一种不同的、丰富多彩的生活。

奥利维亚也意识到高层团队不赞成这种新文化。他们对想要在家办公的员工持有抵制态度。多疑的高层团队认为员工越来越倾向于利用公司谋取个人利益——他们希望员工留在办公室工作，这样就能更好地监督他们。因此，优秀的人才开始纷纷离职。

实际上，在奥利维亚的公司里，大多数人在家办公完全可行。只要他们工作出色，办公地点又有什么关系呢？她理解他们的立场，但对于如何解决这个问题感到不确定。与此同时，她看到员工流失率和招募关键人员所带来的成本不断上升。

于是，她决定尝试项目管理的方法。

她使用了"主要利益相关方访谈"工具，与主要利益相关方——高管团队——就该问题进行了访谈。"以目前的速度，今年我们的研发团队将有50%的人员流失，"她说，"招募新员工将花费1200万美元。你们认为我们应该怎么做呢？"

"我们需要采取措施阻止事态的发展！"首席执行官说道。

"我想要做些事情来留住这些优秀人才，而不是眼睁睁地看着他们离开。您不介意我启动一个项目吧？"奥利维亚说道。

"当然可以！"首席执行官答道。

因此，她现在有了一个新项目。

在规划项目范围时，奥利维亚确定了主要利益相关方并认真地与他们进行了访谈。她协助首席执行官设定了优先事项，并持续与主要利益相关方进行访谈，直到对每个人的想法都了然于胸。接下来，她制定了一份由所有主要利益相关方签名的详细项目范围说明书。

事实上，他们决定转向多元化的办公环境体系，员工可以在能够发挥最大作用的地方工作——无论是家里、办公室还是其他地方。他们将拥有更多的灵活性，以平衡工作与其他优先事项。

现在是规划项目的时候了。

像指南针一样，项目范围说明书告诉你应该朝着哪个方向前进。像路线图一样，项目规划告诉你如何到达目的地。

项目规划主要包括任务安排和资源分配。根据《项目管理知识体系》，规划文档还要“确定促进利益相关方在项目决策和执行中进行有效参与所需的策略和行动”。因此，规划是灵活多变的。你可以采取“滚动波”方法进行规划。项目领导专家亚历山大·劳弗认为，“只要意识到牢固的承诺不能建立在不确定的信息上，你就会随着项目的进展和信息逐渐可靠分阶段规划项目。”换句话说，随着时间的推移，测试、审查和反馈都有可能使规划发生变化。

在本章中，你将了解如何创建灵活多变的项目规划书，以确保每个人都知道该做什么。具体来说有两个步骤：

◎ 制定风险策略。

◎ 制定风险管理规划书。

制定风险策略

如果你熟悉墨菲定律，就会发现我们总是不时地验证他的预言，尤其是当你最不希望某事发生时。根据墨菲定律，“任何可能发生的错误，无论可能性有多小，终将会发生”，因此，与其在问题发生后后悔莫及，不如提前为所有可能发生的问题做好充分准备。提前为应对“如果”制订计划，比应对“要是……就好了”所带来的痛苦要小得多。

通过制定风险管理策略，你可以将“如果”的风险降到最低。制定风险管理策略有以下三个步骤：

1. 确定风险。
2. 进行风险评估。
3. 制订风险控制计划。

确定风险

首先，识别项目可能的风险，然后评估其影响。风险评估结果可能会影响项目的规划，因此要在每个项目的影响评估完后再制定项目规划说明书。

识别项目的风险意味着列出所有可能出现的问题。以奥利维亚的项目为例，以下列出了项目中可能出现的几个问题：

◎ 在家办公可能会导致孤独感。

◎ 数据安全性可能会受到威胁。

◎ 缺乏高效的协作办公。

◎ 难以保证员工的安全与健康。

◎ 可能会影响与客户之间的关系。

◎ 远离办公室，员工可能会产生懈怠情绪。

◎ 如果不设定工作时限，员工可能会感到疲劳。

◎ 奥利维亚可能会面临崩溃的风险。

以上这些风险中的任何一项都可能影响奥利维亚项目的成功。财务资源、团队能力、千变万化的优先事项、技术、颠覆性创新以及政治因素——这些都是项目潜在风险的来源。

当她的团队集思广益，利用头脑风暴列出所有风险清单时，奥利维亚开始感到有点不知所措了。该如何应对这些风险？如果它们都变成现实了怎么办？

当然，她不可能消除项目中的所有风险。但并非所有风险都值得她花费时间和精力去思考和关注，因此奥利维亚的下一步是对风险进行评估，然后进行优先排序。

进行风险评估

以下就是对每个风险进行评估的公式：

实际风险 ▶ 影响 × 可能性

以下的风险策略工具可以帮助你辨别哪些风险确实需要制订计划，哪些风险可能不会影响项目。无论哪种情况，有了计划，你会感到更加轻松。

每个风险因素的影响有多严重？在1—5的范围内，哪个会是“最糟糕的情况”（5）？相对严重的影响（4）？最小的影响（2）？

每个风险因素发生的可能性有多大？发生的可能性很大（5）？还是

50%的可能性（3）？或者不太可能发生（1）？

奥利维亚对每个风险因素的影响和可能性进行了评估，然后将它们相乘，得出了该因素的“实际风险”的分数。

工具：风险策略

项目名称：混合办公环境模式　　**日期**

辨别风险并按风险等级优先排序

列出项目风险，并在1—5的等级量表上为每个风险因素的影响和可能性评分，然后，将这两个分数相乘，计算出风险得分。

	风险	影响	可能性	得分
1	孤独	4	3	12
2	数据不安全	4	3	12
3	缺乏团队合作	5	2	10
4	安全与健康问题	3	3	9
5	影响客户关系	4	4	16
6	懈怠	3	2	6
7	疲劳	3	3	9

奥利维亚认为，如果客户与公司的联系无处不在，那么在这种混合办公环境中，他们可能会因为找不到相关人员而感到困惑。这会带来很大的麻烦。

另一个重要问题是：远程办公的员工会使用不同地方的个人和公司设备进行连接，那么公司如何确保数据100%安全可靠呢？

人们在孤立的环境中工作效率会受到影响吗？通常情况下，独自工作可能会让人感到与同事和公司脱节。如果人们不再像过去那样进行合作，那么创造力和生产力会发生什么变化呢?

制订风险控制计划

对于评估得分为12分及以上的风险，奥利维亚需要制订计划应对它们。她需要使用TAME风险应对工具。

TAME是控制风险的四种选项的首字母：

◎ 转移（Transfer）风险：将风险转移到第三方。

◎ 接受（Accept）风险：承认风险，并在发生时处理。

◎ 降低（Mitigate）风险：减少风险发生的概率和/或影响。

◎ 消除（Eliminate）风险：消除风险。

对于每个得分为12分或以上的风险，都需要一个这样的处理策略。

奥利维亚考虑了在家办公可能导致的孤独风险的TAME选择。研究结果显示，统计数据存在很大差异。年长的员工更喜欢在家办公，而25岁以下的员工则更愿意待在办公室。因此，她决定对员工进行调查，根据他们的喜好来制订工作计划，从而缓解这个风险。

她认为数据安全问题相对较复杂，对她来说处理起来有些棘手。IT部门的员工对此也没有太大把握。因此，她决定通过聘请顾问为IT员工出谋划策，来转移这个风险。

最后，该公司的改革可能会激怒那些无法找到与他们对接的员工的客户或供应商。他们会在“请稍等”的迷宫中感到不知所措。为了消除激怒客户的风险，奥利维亚建议重新配置整个客户联系系统。

因此，奥利维亚制订了以下风险管理计划。她将每个策略分配给一个团队成员，他们负责执行并拥有解释权。

工具：制订风险管理计划

为高风险选项制定应对策略

为每个得分为12分或以上的风险，制定应对风险的策略。

	风险	得分	应对策略	负责人
1	孤独	12	走访员工；找出他们喜欢的办公模式。	奥利维亚
2	数据不安全	12	聘请顾问评估并推荐解决方案。	塞萨尔
5	影响客户关系	16	修改客户联系系统。	瓦尔

像奥利维亚一样，你不可能消除所有的风险，但你可以用高效的风险管理计划来应对最高级别的风险。与此同时，要时刻保持警惕，关注低级别的风险，确保它们保持在风险等级12以下，不要让风险升级到不可控的程度。

向主要利益相关方传达你的风险管理计划。尊重他们就要让他们知道哪些是风险问题。如果失败的风险很大，你就有义务与他们沟通，以便共同寻找解决对策。

沟通风险问题可以增加项目成功的机会，当所有利益相关方和团队成员都了解项目计划时，你们就可以共同努力来消除这些风险。

制定风险管理规划书

一旦确立了风险应对策略，就将其编写成风险管理规划书。就像全球定位系统（GPS）能帮你精准导航到目的地一样，项目规划书可以向你展示你的目标在哪里，以及如何到达那里，并且在事物发生变化时顺势调整——平稳渡过难关。

制定风险管理规划书的目的是找到解决问题的“关键路径”，即项目必须按时开始和结束，并且高质量地完成等一系列任务。这是项目管理最具战略意义的工具。

如果对关键路径了如指掌，你就可以像船长熟练地驾驭船只一样掌控自己的项目——你知道需要做什么，由谁负责，什么时候做。关键路径上的任何任务被延期，整个项目都会随之延期。关键路径上的任何事情出错，都会危及项目成果的预算和质量。

制定风险管理规划书时，关键路径是你努力追求的目标。在风险管理规划书中，完成的关键路径用深灰色线表示。

许多软件或在线小程序都可以自动为你创建规划书和关键路径，这样可以让你的生活更轻松，更能够提高成功的概率。虽然有许多应用程序可供你选择来制定项目规划书，但其中一些程序价格昂贵且复杂，更适合职业项目经理。它们的学习周期较长，可能会让你感到沮丧，从而放缓工作速度。

还有一些项目管理应用程序则更便宜，技术要求也更低。由于这个领域不断变化，我们不会推荐某个特定的应用程序，但无论你选择哪种

工具：风险管理规划书

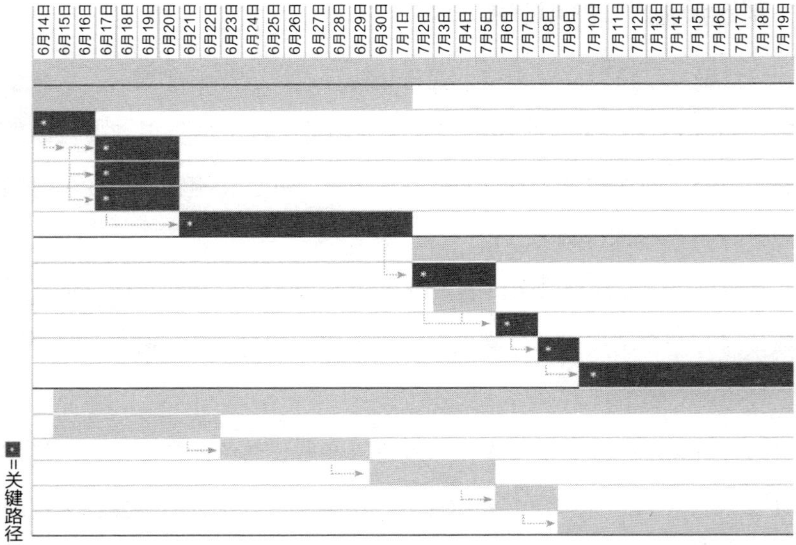

应用程序，它应该至少具备以下几个基本功能：

◎ 明确列出谁负责该项目，以及何时完成风险管理规划书。

◎ 类似本书中提到的项目工具或模板。

◎ 能够共享安全文档，以便团队成员和主要利益相关方可以分享项目风险信息。

试用几款应用程序，体验它们各自的优势。一旦清楚了制定风险管理规划书所需的步骤，你就会信心满满地操作项目管理软件或在线应用程序。

以下是制定风险管理规划书并确定关键路径的步骤：

1. 制定工作分解结构图（WBS）。

2. 按优先事项排列任务的顺序。

3. 指派每项任务的负责人。

4. 估算每项任务的工期。

5. 确定关键路径。

制定风险管理规划书步骤1：制定工作分解结构图（WBS）

工作分解结构图（WBS）指列出构成项目成功所必需的所有元素的清单。

这些“元素”被称为可交付成果。什么是可交付成果？这不是一项任务，而是一种产品。例如，“购买笔记本电脑”和“笔记本电脑”是有区别的。一个是动词短语，一个是名词短语。可交付成果一直都是名词。一旦确定笔记本电脑是可交付成果，你就可以指定某人来交付。

开始制定工作分解结构图时，你可能还不知道涉及项目的所有可交付成果，因此，请团队成员一起进行头脑风暴并列出清单。

请项目团队以及所有可以加入的利益相关方一起进行头脑风暴。我们强烈建议，如果条件允许，你还应该邀请客户和供应商，以便获取他们的建议。记住前期准备的基本原则：尽早从尽可能多的人那里获得尽可能多的信息。前期准备可以防止很多后期的麻烦，因为你提前收集了大量的信息，并预见了风险。

在头脑风暴时，我们通常会使用思维导图，其好处在于想到什么就写下来，不用考虑先后顺序。

工具：思维导图

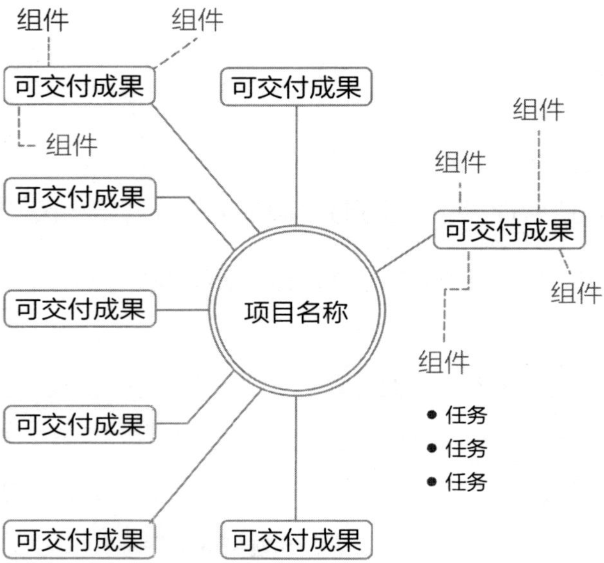

将项目的名称放在思维导图的中心，然后从中心引出线条，连接头脑风暴中提出的可交付成果。以下是奥利维亚为将其公司的办公环境过

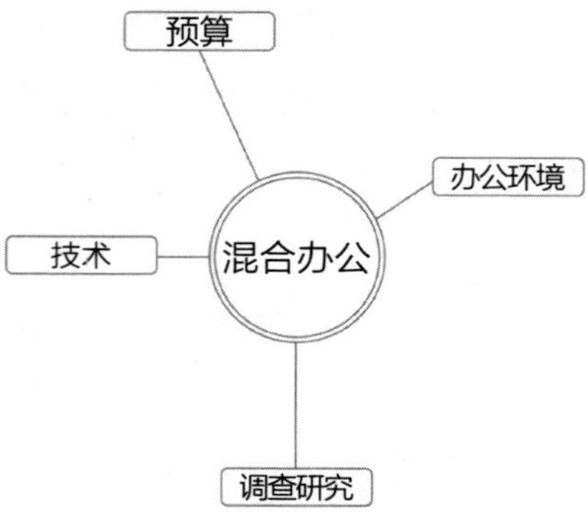

渡到混合办公环境模式而绘制的思维导图。她的团队必须调查研究并提出关于最佳办公效果、技术解决方案以及工作环境改革的新计划，以及过渡预算等方案。

一旦你列出所有的可交付成果，就可以对每个可交付成果的组件进行头脑风暴。组件是使更高级别的可交付成果得以实现的可交付成果。我们以上面的可交付成果——预算为例：它的组件有哪些呢？

例如，你可以将预算的可交付成果分解为以下组件：

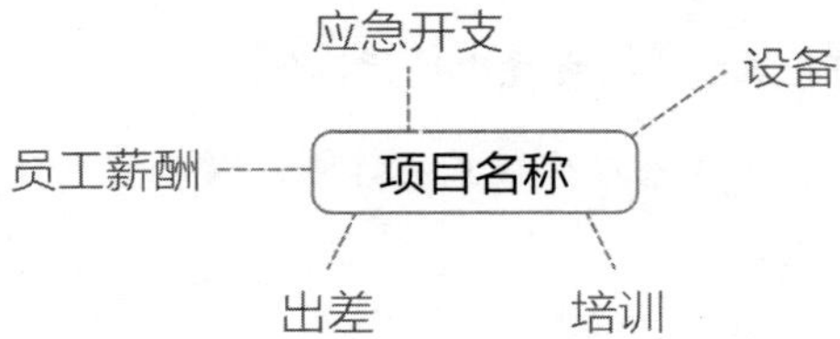

若要创建预算，你需要将以上典型的组件相加。乘以每个员工的工作时间并算出他们的总薪酬，加上需要从外部购买的设备和服务的费用，还应该添加差旅费和培训成本。将所有这些加起来后，你还需要再额外加上10%作为应急费用。

以下是奥利维亚过渡到混合办公环境项目的工作分解结构图：

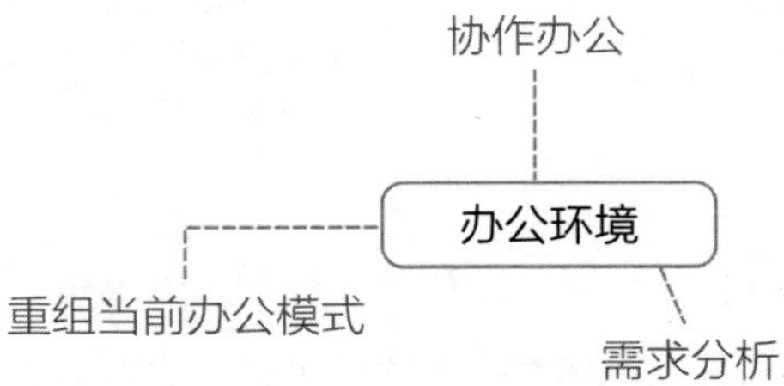

标好图表中的可交付成果和组件后，你就可以对每个可交付成果进行相关任务的头脑风暴了。这里有一个小建议：以动词开头（如创建、执行、制定、调查等），每个任务都是你即将完成的可交付成果。继续头脑风暴，直到列出完成可交付成果需要的所有任务。

请看以下示例：

重大问题：公司如何实现员工在家和办公室办公都能顺利运行的目标？这里问题很多。最终奥利维亚确定了三个可交付成果：

◎ 分析所有员工的需求，以确定他们的最佳办公地点和条件。

◎ 决定如何在混合办公环境中进行协作。

◎ 制订重组公司当前办公模式的计划，以节省租金并为剩余的员工和活动提供工作场所。

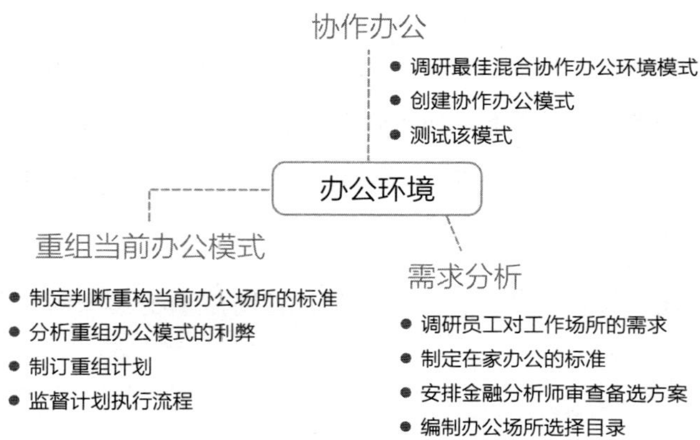

你可以在会议现场，也可以在线上进行头脑风暴。网上有数十种思维导图程序可供你选择，还有一些软件可以让你在图表或虚拟便利贴上

进行头脑风暴，许多项目管理应用程序都有思维导图功能。思维导图的好处是你可以按可交付成果的主题分组。在线图表和便利贴软件也可以将头脑风暴的内容分组和按需排列。

无论使用哪种方法，都要遵循头脑风暴的准则：

◎ 速度要快。

◎ 数量要多。

◎ 不做评价。

◎ 在他人的想法上延展新的想法。

应用挑战：工作分解结构图

为自己的项目制定工作分解结构图：

1. 头脑风暴该项目的最终可交付成果。

2. 选择一个可交付成果并添加组件。

3. 选择一个组件并添加任务。

制定风险管理规划书步骤2：排列任务顺序

有些任务可以同时进行，而有些任务则依赖前期完成的其他任务而展开。

任务有不同类型的依存关系。人们通常使用“完成—开始”的依存项，其中一个任务必须在另一个任务开始之前完成。你将这些任务放在工作分解结构图的“提前准备”一栏中。例如，制订计划必须在执行计划之前完成。

名称	可交付结果/组成部件/任务	前期任务	工时	工期（天）	开始日期	结束日期	负责人
1.1	办公场所						
1.1.1	最低标准						
1.1.2	成本和利润分析	1.1.1					
1.1.3	制订重组计划	1.1.1,1.1.2					
1.1.4	执行重组计划	1.1.3					

“开始—完成”

你还可能需要确定其他依存关系，例如相互重叠的“开始—开始”任务。在这种依存关系中，一个任务的开始会触发另一个任务的开始。例如，一个人可以研究重组奥利维亚的办公场所，与此同时，另一个人可以研究在混合办公环境模型中的最佳协作成果。

“开始—开始”

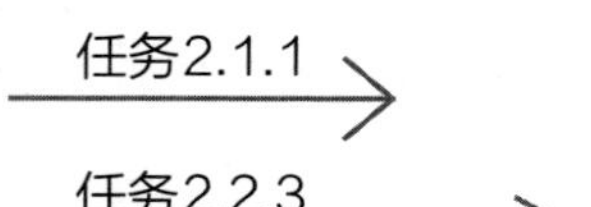

有些任务在其他任务完成之前无法完成，这是一种“完成—完成”的依存关系。例如，某种新的药物试验直到拜访最后一个患者，并完成评估之后才算完成。

“完成一完成”

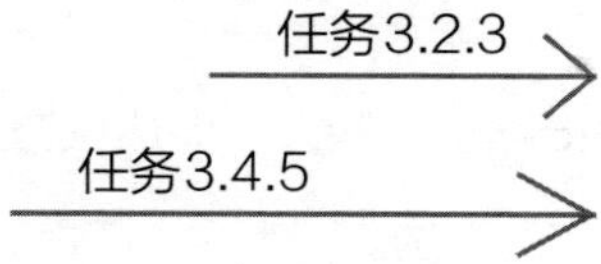

制定风险管理规划书步骤3：确定并指派每项任务的负责人

现在知道需要做什么了，那由谁负责呢？

目标决定团队的构成

这里的原则是“目标决定团队的构成”，而不是团队决定目标。如果你有选择项目团队的机会，请招募那些明确能为项目做出贡献的成员——由于每个项目都是独一无二的，因此，你的团队也要因项目而异。

选择团队成员时，人们最常犯的错误是将任何可用之人招募到团队，而不是找到真正具有正确价值观和技能的人。记住，一定要实际一些——招募几个有影响力的人，他们会增加项目成功的机会。

在海达的案例中，莱特尔制药公司人才济济，还有首席执行官特斯曼的支持，她可以精挑细选团队成员。但关键问题是，没有人愿意为实现“加快监管部门审批”的目标而努力。海达的大多数同事都是科学家，对这个项目毫无兴趣。坦率地说，海达自己也不太感兴趣。

填写工作分解结构图时，海达很快就发现工作毫无进展。几乎所有被邀请加入团队的人都拒绝了她。然而，她的助手贝尔塔却非常乐意为她效劳，对她的要求有求必应，这真是她的救命稻草。但除此之外，她还能指望谁呢？

于是，特斯曼向她推荐了一些人。海达认为这些人不会拒绝她，但他们不是最适合这项工作的人选。

她把项目推迟了一周，打算先说服爱较真的布拉克博士加入她的团队。到目前为止，他是这份工作的最佳人选，因为他是公司最有创造力、经验最丰富、最德高望重的研究员。虽然他一开始就反对整个项目，但他也知道这个项目的必要性。如果布拉克博士能加入这个团队，其他人也会紧随其后加入。

她猜想布莱克博士也会拒绝她，但令她惊讶的是，他很愿意加入。“我想是时候改变这种状况了，”他说，“说实话，直到我们开会时，我才意识到我们药品的研发已经远远落后于市场了。是的，我会为该项目尽力而为的。”

有了布拉克博士坐镇，他的几位同事也自愿加入。海达又招募了该公司的两位医学作家：乔伦和埃勒特。他们曾为公司编写过所有药物的申请书，熟悉流程，而且也渴望加快审批进程。公司法律顾问西娅，同意帮助解决有关更快获得审批的法律问题。虽然西娅有点害羞和保守，但她精通法律、法规。特斯曼还指派了一个优秀的财务人员——芮娜，负责财务预算和分析。

现在海达拥有了自己的核心团队成员。

组建团队并非易事

虽然奥利维亚在招募团队成员时困难重重，但她对这个项目也不是一点兴趣都没有。

填写工作分解结构图时，奥利维亚发现这是一项艰巨的任务，因为公司每个人的时间都很紧迫。

她列出了所有团队成员的技能，发现与自己的期望还有一定的差距。

"我还要在团队中增加几个人。"她在走廊碰到首席执行官时，告诉他。

"你的话提醒了我，"首席执行官停下来转身说道，"我需要和你谈谈你的团队的事。我们开个10分钟的会吧，带上你的团队成员名单和想要添加的新成员名单。"

"好的。"奥利维亚说。这不可能是好事，她想。

在会见首席执行官和人力资源经理玛丽亚时，她打开了平板电脑说："我的团队成员在第一列，第二列是我想要邀请的人。有了这样的团队，这个项目就可以工作了。"

"我有一些问题要解决，"首席执行官说，"我们有两个和数据安全有关的紧急项目。我得让托比和维奥拉全身心地投入其中。此外，玛丽亚还有一项人事问题要解决，所以你可能不太容易找到她。"玛丽亚看起来很抱歉。

"更糟糕的是，奥利维亚，"她说，"安东尼奥，你打算邀请的人，昨晚辞职了。他告诉我说，他不堪重负，太疲惫了。"

奥利维亚很生气，忍不住尖叫起来，也想一气之下辞职不干。

谁也不愿意合作！

但随后她想起了自己当初做这个项目的原因。不仅是她，每个人都不堪重负。“我真不敢相信我们会失去安东尼奥。”

“这确实是个坏消息，”首席执行官转向奥利维亚说，“我知道这很令人沮丧，奥利维亚，我很抱歉让一些人离开你的团队，但我别无选择。没有他们，网络就会崩溃，我们就得停业一周。”奥利维亚感觉到一场大灾难即将来临。

幸运的是，玛丽亚给奥利维亚提供了一些建议。“听着，我知道你不太了解我的助手德鲁，他需要一些时间才能适应这里的工作。但他工作很认真，在公司认识人也很多，你可以请他帮忙。我们也可以考虑其他的可能性。”

“这个时候，我愿意接受任何可能性。”

玛丽亚语气坚定地说：“奥利维亚，你已经非常出色地完成了项目的前期准备工作，并为获得批准而努力奋斗。我们现在不会抛弃你不管的。”

半小时后，奥利维亚组建了一个最新的团队。

回到办公室，看到墙上张贴的五大基本行为准则时，她笑了。她曾经感到愤怒、沮丧和不堪重负，但这些感觉都不能压垮她。她再次抬头看着这些行为准则：“首先聆听…… 展现尊重。”

“也许我终于明白了。”她想，然后拿起手机给她的新团队成员德鲁发短信。

海达和奥利维亚的案例都表明，组建团队并不总是一帆风顺的。良好的项目范围和主要利益相关方的支持，可以让你获得需要的成员和资源。

清晰的工作分解结构图可以让人们胜任对他们有意义的任务，同时还建立了你在团队的非正式权威：你并不总是高高在上，对团队“发号施令”的人。团队成员应该和你一起审查工作分解结构图，并在可能的情况下自愿承担任务。

遵循这五大基本行为准则，当团队成员能够参与项目规划时，他们更容易全身心地投入其中。

制定风险管理规划书步骤4：估算每个任务的工期

现在，你的项目分解结构图已经准备完毕，团队任务也分配完成，下一步就是估算每个任务的工期。然后你就可以推算出所需的预算，制定出具体的时间表并了解给每个员工分配的工作是否恰当。

这里的原则是，“工时”和“工期”是两回事。

工时≠工期

工时是实际完成任务花费的时间。工期是完成任务所需的时间。

例如，你估算粉刷公寓墙壁需要16个小时，所以你在项目规划书中为此安排了16小时。但是16个小时的工作时间是不现实的——你真的会连续工作16个小时吗？

其间你是否还有其他约会？在线会议？需要照顾家人？吃饭？睡觉？

工期是完成工作所需的时间，包括你在现实生活中需要做的其他一切事情。其间一切皆有可能发生。你可以安排每天工作4小时，连续4天，所以工期是4天，而不是16小时。现在你可以准确地将任务安排到你的规划书中了。

例如，最终确定奥利维亚向混合办公环境模式过渡的计划可能只需要几个小时，但工期要超过一周。为什么？因为主要利益相关方需要那么长的时间来审查和审核规划书。请记住：时间是项目成功的三个制约因素之一（除质量和预算之外）。通常情况下，不合理的交付日期可能会毁掉一个项目。不要试图做英雄，把任务安排得如此紧凑，以至于在日程安排中没有“回旋的余地”。给大家一点儿喘息的空间。

当然，你会面临来自主要利益相关方的压力，要求你“立即完成！”。回应这种压力时，使用“工期”而不是“工时”，这样他们就能准确地了解项目将需要多长时间。

如果你的项目有一个确切的截止日期，请从该日期开始逆向填写规划书。使用任务的工期来确定工作是否可以在规定的时间内完成。

不要承诺在明知道自己无法实现的最后期限内完成。相反，如果日程安排看起来太紧，请与利益相关方进行“优先事项”排序对话。否则，你的诚信将受到威胁，这比任何其他事情都更重要。

现在要小心谨慎行事。

不要让任务的工期过长。否则，你可能会在团队中营造一种拖延文化，成员要等到最后一分钟才会完成他们的工作。在项目管理中，我们称之为帕金森定律——“工作需要的时间正好是分配的时间”。

例如，如果你认为粉刷公寓需要4天，但“为了安全起见”，你又增加了4天：你需要8天。因此你可能会在第8天午夜之前一直在刷油漆。

所以，在估算一个任务的工期时，要找到最佳的时间节点。以下是一些估算工期的建议：

◎ 凭借经验。根据以前完成过的项目，以及粉刷墙壁油漆的经验制定工期。要现实一点。

◎ 咨询经验丰富的人。曾经粉刷过公寓的人可以给你提供有用的建议，帮你做个合理的估算。

◎ 使用项目评估和审查技术（PERT）公式来计算每个任务需要的工期。“项目评估和审查技术”实际上是一个很酷的工具，可以帮助你迅速应对项目的不确定性因素。

工具：项目评估和审查技术（PERT）

工期＝（o+ 4n+ p）/ 6

这是一个简单的公式：o是最乐观的工期，p是最悲观的工期，而n代表“正常”或“最有可能”的情况。在项目评估和审查技术工具中，数字4平衡了对工期做出不切实际的过短工期估计的普遍倾向。该公式除以6，因为有6个数据点：1个乐观点，1个悲观点，以及4个最可能点。

你只需要知道公式是如何运作就行。

下面是它的工作原理：海达认为，金融专家芮娜在一天内就可以完成对她的交付成果的成本/效益分析。但是考虑到庞大的工作量，芮娜表示她至少需要一周（5个工作日），如果工作不顺利的话，可能需要三周

（15个工作日）。因此，芮娜的PERT如下：

工期 = 1天+（4×5天）+15天

这加起来是36天。用36除以6，得6。所以芮娜的工作时间是项目进度的6天。

应用挑战：估算项目工期

参考你的工作分解结构图（WBS），估算完成项目的一个重要交付成果所需的工期。如果有必要，可以使用项目评估和审查技术工具。

估算风险管理规划书上所有任务的工期。现在，你可以将这些任务输入风险管理规划书中。这个规划书是一个条形图（也称为甘特图），显示每个任务开始和结束时间，以及各任务之间的依存关系。奥利维亚将每个任务分配给了一个团队成员（他们名字的缩写在“负责人”一列中）。现在，她的风险管理规划书看起来像这样：

对于只需几个小时的任务，通常我们会四舍五入到一天。

另一种更简单的保持项目进度的方法是在规划书中设置“里程碑”。就像交通标志一样，里程碑是一个信号，表明你已经达到了项目中的重要决策点。驾车时，你会看到指示停车、转弯、后退或掉头的标志。达到一个里程碑时，你必须做出类似的决定。

如果没有这些路标似的检查点，你可能会迷失方向。把里程碑想象成全球定位系统偶尔给你发出的信号。它不会每走一步都告诉你怎么走，但它会指示你何时何地转弯或选择哪条路。在项目规划书里添加里程碑工具，就起到这样的指示作用。

名称	可交付成果/组件/任务	前期任务	工期（天）	启动日期	结束日期	负责人
1	办公场所					
1.1	重组办公场所		90	1月15日	4月15日	O
1.1.1	制定标准		1	1月15日	1月16日	D
1.1.2	成本和利润分析	1.1.1	6	1月16日	1月22日	G
1.1.3	制订重组计划	1.1.1,1.1.2	13	1月23日	2月5日	D
1.1.4	执行重组计划	1.1.3	70	2月6日	4月15日	O
2	调研					
2.1	审查文献出版物		25	1月15日	2月13日	O
2.1.1	审查业务出版物		20	1月15日	2月5日	O
2.1.2	参加未来工作论坛		3	2月7日	2月10日	M
2.1.3	向利益相关方汇报	2.1.1, 2.1.2	2	2月11日	2月13日	O
3	技术					
3.1	对分散办公场所的技术进行评估		35	1月15日	2月10日	F
3.1.1	调查当前家庭办公环境		10	1月15日	1月25日	F, A
3.1.2	评估上面的工作		10	1月25日	2月5日	A
3.1.3	评估针对分散办公场所的应用程序		20	1月15日	2月5日	F
3.1.4	建议技术检修	3.1.1, 3.1.2	5	2月5日	2月10日	F
4	预算		30	1月15日	2月15日	V
4.1	办公场所投资回报率计算		15	1月15日	1月30日	G
4.1.1	确定平均成本/员工		10	1月15日	1月25日	L
4.1.2	估算重新利用当前办公场所节省的费用	4.1.1, 4.1.2	2	1月26日	1月28日	G
4.1.3	[财]概算	4.1.1, 4.1.2	2	1月30日	2月14日	V
4.1.4	从资本或运营经费中提取资金?	4.1.3	1	2月15日	2月15日	首席执行官

你可以设定自己的里程碑。例如，如果你觉得有必要在一个重要的决策点召集主要利益相关方召开碰头会议，那就是一个里程碑，那就把它加入你的规划书中。

例如，海达在项目规划书里添加了一些里程碑，以获取来自主要利益相关方的意见。在步骤1里，他们有一个任务是建立一个加速将药物推向市场的工作模式。在推出该真实模式之前，从利益相关方那里获取关于这一模式的最佳想法至关重要。因此，她在整个项目规划书中安排了许多碰头会议，作为关键里程碑。

扪心自问，“我在项目规划书中加入了哪些里程碑？哪些是重要的潜在‘转折点’？”

制定风险管理规划书步骤5：确定关键路径

到目前为止，你做的所有项目规划都得到了回报——你已经达到了项目规划书的最终目标——关键路径。

记住，关键路径是必须按时开始、按时结束且质量过关的一系列任务。关键路径上的任何问题都有可能威胁到整个项目的成功。只要关键路径上的任何一项任务延期，整个项目都会延期。

通过确定关键路径，你可以提前看到可能出现并危及项目的瓶颈问题。否则的话，一旦开始执行项目，你就不得不与“瓶颈妖怪”展开生死搏斗了。请记住，有些任务必须在其他任务开始之前完成。海达没有从芮娜那里得到成本/效益分析之前，不能分配工作预算。在没有拿到玛丽亚在未来工作论坛的学习报告之前，奥利维亚也无法解释混合办公环境模式的发展前景。

如果关键的“完成—开始”任务没有按时完成，你的项目就会遇到瓶颈。

你有一个周末的时间来粉刷公寓。在这段时间里，你必须买油漆和底漆，把家具从墙边搬走，铺设防护布，清理墙壁，给窗户四周包膜，涂上一层底漆，并等它晾干。然后，你才能刷油漆。

	任务	**工期**	**评价**
1	购买油漆和底漆。	2小时	随时可以买，但仍然设定一个最后期限。你可能会等到油漆减价大促销时买。
2	将家具从墙边搬走。	0.5小时	如果你不累，可以一口气提前完成。
3	铺设防护布。	0.5小时	可以在准备购买油漆的前一天晚上做。
4	清理墙壁。	3—6小时	这是一个艰巨的任务。如果使用砂磨机，比手工打磨要省一半的时间。
5	给窗户四周包膜。	2小时	这个耗时的任务可以提前完成。
6	涂上一层底漆。	3—6个小时	取决于用滚轮刷漆还是用喷漆。
7	等待底漆晾干。	3小时	底漆需要3小时晾干。
8	刷油漆。	3—6小时	滚轮刷漆还是用喷漆？

如果将所有工作的大致工时相加，你的刷油漆项目需要多长时间呢？这取决于你刷油漆的方法，大约在17到26个小时之间。

现在，你知道你刷油漆项目的关键路径是什么了吗？任务1、2、3和5可以在周末之前完成。因为只有任务4、6、7和8必须在周末按顺序依次完成，所以关键路径是这些任务的工时——大约在12到21个小时之间。

你可能会在任务4预见一个瓶颈。如果打磨墙壁时损坏了墙壁，你可能需要修复它们。如果旧油漆非常难清理，那么清理墙壁需要的时间可能比你想象的时间还要长。

在任务7可能还有一个瓶颈。如果周末下大雨，底漆可能需要一天或更长时间才能晾干。

使用以下技巧来避免关键路径上的瓶颈问题：

◎ 最优秀的员工。把关键路径的工作分配给最值得信任、最才华横溢、最可靠且最负责任的员工。

◎ 交叉培训。确保不止一人可以完成关键路径的任务——这就需要培训员工，让他们拥有多种技能。如果找不到最佳人选，谁来负责任务A呢？

◎ 团队责任会议。定期召开团队责任会议，确保关键路径按计划进行。团队会议将帮助你发现瓶颈问题，并将影响项目进程的破坏降到最低（我们稍后将更深入地讨论团队责任会议）。

确定精确的关键路径会有以下三个惊人的好处。

首先，项目规划书变成了战略管理工具。你可以确定何时需要哪些团队成员，在压力或潜在问题出现时调整人员，并保持按时交付你承诺交付的价值。

其次，你可以确定哪些任务可以随时完成，不属于关键路径（这些任务称为“轻松”或“浮动”任务）。

最后，你可以预见并预防关键路径上的瓶颈问题。

你的项目管理程序可能会立即生成并评估你的关键路径。它看起来是这样的：

	1月 15日	1月 22日	1月 29日	2月 5日	2月 12日	2月 19日	2月 26日	3月 5日	3月 12日	3月 19日	3月 26日	4月 6日	4月 9日	4月 16日
创建标准														
财务成本/效益分析														
制订重组计划														
执行重组计划														

应该使用哪些日程安排程序

我们前面提到过，过去几年中，制作项目规划书的软件和应用程序不断增加。大多数项目进度规划书都是条形图（或甘特图），它在屏幕上直观地显示项目的进度和各项任务。你可以看到开始和结束日期以及在特定日期内应该完成的任务，最终形成一个有价值的关键路径！

得出调查结果 2月16日至20日	编辑第二稿 3月30日至4月30日 贾内，皮尔，刘，万卡	选择设计方案 2月28日至3月15日 整个团队	编辑第三稿（校对） 5月21日至5月30日 卡马尔

任何现有的项目规划书小程序都可能对你有用。新版的项目规划书小程序层出不穷，这有助于你理解项目管理，只要看一眼就知道该找哪个团队成员合作，希望大家尝试使用。如果你掌握了项目规划书的基本

原则，该程序将成为你的最佳伙伴：它可以帮你确定任务和工期，确定任务之间的依存关系，为每个任务分配资源，并定义关键路径。然后追踪你的项目进展并根据需要进行调整。

总结

简而言之，项目管理的第二步是制定项目规划。在这一步中，你需要计算项目成本、评估失败的风险，并通过项目规划书引导团队按时按预算完成任务。

要正确规划，请使用风险策略和风险管理规划书来预测可能破坏项目的问题并及时调整。然后执行规划项目的5个步骤：

1. 制定工作分解结构图（WBS）。
2. 排列任务顺序。
3. 确定并指派每项任务的负责人。
4. 估算每个任务的工期。
5. 确定关键路径。

你规划得越好，项目就越有可能成功，这只是基本的事实。但不要期望，甚至不要希望事情能完全按计划进行。邀请员工或主要利益相关方给予反馈并适当做出调整，以提高项目的价值。

检查你的学习成果

√ 如何在项目的风险出现之前识别这些风险？你如何创建风险管理策略？如何应对项目中的风险？

√ 如何将项目分解为许多可管理的任务？

√ 完成任务的“工时”和“工期”之间有什么区别？你如何估算一个任务的工期？

√ 什么是“关键路径”？有什么方法可以使关键路径走向正轨？

第五章

团队参与：鼓励共同承担责任

CHAPTER

5

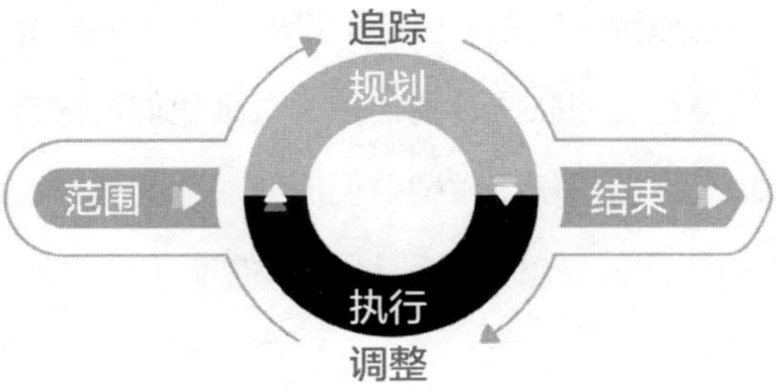

现在的问题是，作为一名非职业项目经理，你如何使团队成员专注并充满激情地参与你的项目呢？根据《项目管理知识体系》，高效的项目经理会带领项目团队“出色地完成任务”，这不仅需要团队成员业务熟练，而且需要他们全身心地投入。你将在本章了解如何让团队成员投入到项目中并最终取得成功。这里有两个关键的活动：

◎ 建立团队责任机制。

◎ 进行绩效对话。

建立团队责任机制

要获得项目的成功，团队需要做什么？如何让团队专注于自己的任务？如何让他们保持警觉、全神贯注和积极性？

简言之：责任。

大多数人听到问责这个词时都会望而却步。这是一个负面的词。他们想到爸爸妈妈让他们不吃晚饭就上床睡觉，或者老板站在办公室的门口严肃地盯着他们。作为一名非职业项目经理，你可能对团队成员没有太多正式的权威。你不是他们的爸爸或妈妈，也不是他们的老板。

但责任机制的原则很简单：信守承诺时，你就会成为一个值得信赖的人。因而，你赢得了团队成员的信任，激励他们信守自己的承诺。你还赢得了利益相关方的信任，激励他们遵守对你的承诺。当你激励人们去选择加入你的团队时，就充分印证了你的非正式权威。责任始于你自己。

如果自己始终言而有信，遵守承诺，你就可以要求团队成员对他们自己的承诺负责。这可能出乎你的意料，但严格的责任机制使人们更投入，而不是更懈怠。

定期召开团队责任会议

有多少伟大的项目在欢呼、横幅、赠送T恤和钢笔的情况下启动，然后它们却像公园里的某次野餐一样渐渐消失在记忆中？也许有一天你甚至在抽屉里找到那支沾满灰尘的赠品钢笔，然后想着，“那个项目到底发生了什么事？”

通常，项目夭折并不是因为想法落后，而是因为人们有太多其他事情要做，而且没有被追究责任。越来越多的项目是跨职能的，从公司各个部门汇集团队。跨职能团队的缺点是团队成员还有其他工作要做。你们会因为从不同部门传来的优先事项而感到不知所措，我们称之为“日常旋风”。

当你被旋风带着四处奔波时，很容易专注于眼前的事情。如果你不把对项目的承诺始终放在首位，它就会随着旋风一起消失。

当人们知道他们要始终对自己的承诺负责时，他们的表现可能更出色。但如果你没有追究他们的责任，他们会认为你只不过说说而已，他们的责任心也会随风而去。

理想情况下，团队成员会在接管自己的任务之前相互对彼此负责。当他们意识到要定期向团队汇报情况时，就会慢慢养成习惯，积极参与团队任务。当他们应该承担自己的责任时，就会勇往直前，毫不退缩。他们会更加专注地平衡项目和一时兴起的热情之间的矛盾。

只要你创建一种“责任机制”来引领团队前进，所有人都会将自己的职责负责到底。

节奏是一种定期和不断重复的活动模式。引导团队的关键是定期且频繁地召开团队责任会议，从而建立起一种责任的机制。这些会议与典型的“项目进展通报会议”完全不同。在这类会议中，老板通常告诉团队成员他们应该承担什么责任，其结果是团队成员都保持沉默，不愿意参与会议讨论。

这张图表说明了两者的区别：

项目进展通报会议	团队责任会议
偶尔且随机召开。	经常且定期召开。
围坐在会议室聊天，等着所有人到齐，同时抱怨自己有多忙。	专注于项目规划书的安排。我们的项目应该进行到这个步骤？ 如果没有，是因为什么呢？
互相推卸责任，为自己缺乏跟进行动找借口。	汇报上次会议上为推进该项目而做出的承诺。
项目经理告诉我们该承担什么责任。	主动选择在继续推进这个项目进展时应该承担的责任。
项目经理在幕后监督我们是否遵守了承诺。	项目经理承诺为我们扫清道路，这样我们才能履行自己的承诺。

我们称之为团队责任会议。你可以称之为集体会议或快速检查任务会议。在敏捷方法中，它被称为每日站立会议或“每日并列争球”，这个术语来源于橄榄球比赛。在橄榄球比赛开始时，球员们将头紧紧地贴在一起，试图获得球的控制权。对于我们而言，每日或每周的“并列争球”是一个快节奏的会议，制定项目推进目标，每个人都承诺为实现目标而做出努力。

这种责任会议类似于橄榄球比赛时的临时集结，球员们在比赛期间聚集在一起，决定他们的下一个目标是什么，谁将做什么来达到这个目标。

这个会议进行得很快。这不是一个战略会议，它不是典型的“员工会议”。其核心就是“推动项目”——项目规划书——前进。通常是渐进的，会议重点是第二天或下周的工作。这是一个快速、思想高度集中的聚会，看看我们的任务成功了还是失败了——主要是看看我们是否在正轨上，或者是否有人需要帮助。

你可以根据项目的具体情况，每天一次、每天多次或每隔一天举行一次这样的会议。但我们强烈建议每周至少举行一次团队责任会议，否则，就像偏离航线的飞机一样，你将会陷入尴尬或失败的风险中。

我们曾经与这样一个公司合作，他们每天早上9点和下午3点举行一次“微型”团队会议。他们正在监控机器零件的生产进度。每个零件的制造时间都不超过一天时间，但每个零件对项目的成败都至关重要。因此，一小部分团队核心成员每天召开两次会议，以确保所需的零件已经生产出来，并准备好按时完成下一个步骤。

所以，在每次会议中做这4件事：

1. 团队共同审查项目规划书。将其视为比赛中的记分牌：我们的团队是输了还是赢了？我们在哪里落后了？什么原因？如果你使用的项目程序包括记分牌，团队成员甚至可以在开会之前检查它。

2. 汇报上一次会议中承诺的任务的完成情况。表扬成功。如果有人没有履行承诺，找出原因——不是为了责怪这个人，而是为了一起想办法克服前进路上的障碍。

3. 承诺尽力让项目顺利开展。理想情况下，团队成员会主动承担任务，而不是被指派。作为项目负责人，你可以质疑团队成员做出的这些承诺。看看团队是否认可该承诺。如果团队成员不确定下一步该做什么，团队可以一起制定方案，提供帮助。

4. 清除障碍。确定谁负责清除已经发现的所有障碍。通常只有项目负责人可以做到这一点——寻找资源、修改预算、清除项目障碍等。但是，团队成员也可能有能力为其他缺乏某种技能或人际关系的团队成员扫清道路。

一般情况下，你可以在几分钟内完成这4件事。当然，如果有问题需要解决，会议可以适当延长，但要尽量追求速度和效率。如果能在20分钟内结束会议，就不要花30分钟。

团队责任会议的好处是什么?

◎ 团队成员始终了解任务成功或失败的情况，这本身就是一种动力。项目规划书变成了他们的“记分牌”，他们都想提高自己的分数，巨大的威胁就会渐行渐远。

◎ 如果团队成员知道他们要对团队的承诺负责，责任心自然而然地会增强。这种定期团队责任会议不再使团队成员感到孤立无援，而是提醒他们，他们的承诺很重要。

◎ 团队成员主动承担自己的责任，因此对项目更有归属感。当团队认可他们的承诺时，他们感到更有信心，知道自己的付出会受到重视。

◎ 当成员们讨论并决定如何为彼此扫清障碍时，团队就产生了团结互助的精神。他们知道如果“灾难降临”，威胁到他们，他们就可以得到团队的帮助。因此，他们不太担心失败，因为他们知道，如果他们在前进的路上遇到麻烦，其他人会主动站出来帮助他们。

责任会议表明你关心这个项目。我们在工作中经常被要求做一些实际上无足轻重的事情。当我们接受任务、参加会议并做出承诺时，我们也可以默默地问自己，“这到底有多重要?”然后我们拭目以待，最终证明它确实很重要。

出色的项目经理要向大家证明，每一个请求、每一个承诺、每一个未能遵守的最后期限都很重要。这样做，他们赢得了团队的高度尊重，为大家树立了榜样。

责任会议还能快速发现问题，让团队能够及时应对。因为在执行项目时会出现许多问题，没有人感觉自己应该独自解决问题。塞斯·戈丁有这样的见解：“随着项目的建立，我们的本能是躲起来，隐藏我们的障碍、错误和担忧。隐藏时，我们就把其他团队成员拒之门外。面对麻烦，继续隐藏似乎比以往任何时候都更容易，因为现在出面将会带来双倍的麻烦。”

项目经常会因为人们迷失方向而失败。他们迷失了方向或遇到了障碍而偏离了正轨。作为项目经理，你的职责不是管理他们，而是帮助他们管理好自己的事情。这就是为他们“清除障碍”，使他们能够履行自己的诺言。

定期召开责任会议对项目的成功至关重要。步调一致的团队会齐心协力并最终赢得胜利。每个人都知道团队的期望是什么，以及何时、如何实现它。团队一起承担责任，荣辱与共。大家一起前进，任何需要帮助的人都会得到整个团队的支持。

你的团队成员可能和你共处一室，也可能分布在公司各个部门——甚至遍布全球。远程办公环境已经成为常态，团队能够像在同一个办公室办公一样互相配合。你或团队成员都可以随时访问所有项目信息、看到项目规划、补充自己的承诺，并随时了解他们是否在正轨上。

召开项目进展通报会议

海达的项目遇到了麻烦。整整一年过去了，她所付出的努力几乎没有取得任何进展。产品审批过程没有任何实质性的改变，她还剩一个财政年度就要提交项目成果了。她的上司特斯曼注意到了这个问题，于是，通知大家在周五下午召开一次项目进展通报会议。

海达感到很羞愧。“这个项目真的需要一个全职负责人，而我已经有了一份全职工作，”她抱怨道，“我过去的3个月一直在应付有关偏头痛药物的监管机构的提问，这简直是一场噩梦。我日夜操劳，甚至无暇顾及这个项目。”

其他团队成员也是如此。作家们快累瘫了，法律顾问也没有时间，至于布拉克博士，他与几十名科学家一起在实验室埋头做实验。“我们有10种产品正处于研发关键期，”他说，“你知道我们要做多少次测试吗？”

特斯曼坚定地说：“我们所有人都承诺在一年内将获批时间提速67%。如果失败了，我们就得停止药品研发工作，因为我们的药厂就要倒闭了。这个项目对公司的未来至关重要。现在，请大家集思广益，看看怎么能完成它呢？”

房间里一片寂静，只有视频会议上的背景噪声在沙沙地响着。

特斯曼接着说：“我提议，接下来我们应该这样做。从现在开始，每个星期一早上，这个团队都开个碰头会。我们要做4件事。

“第一，回顾一下我们的项目规划书，看看项目进展到哪里。如果我们没完成任务、项目延期了，就要找出原因，并讨论如何才能回到正轨。

“第二，回想一下我们为推进项目进度做出的承诺。如果由于某种原因，有些人不能履行他们的承诺，我们要一起探讨原因并找出解决的方法。

“第三，每个星期我们都做出具体的承诺，共同推动项目的进展。理想情况下，每个团队成员都应该知道自己需要做什么，以及他们的工作还需要做什么。所以每个人都应该做出自己的承诺。

“第四，如果履行承诺时遇到障碍，我们就想办法排除它们。如果有些障碍，只有我能够消除，我会全力以赴。但我们大家也应该承诺为彼此清除障碍。

工具：团队责任会议

日期
项目进度问题
汇报上次承诺情况
做出新的承诺
清除障碍

"这次会议不会超过半个小时。如果需要深入讨论某些问题，我们会另选时间和地点。但每周一早上我们会召开这种形式的会议，而且不会占用大家很长时间。

"海达，你是否愿意主持第一次会议？如果你愿意的话，以后我们可以轮流主持。"

海达的脸涨得通红，似乎既感到困惑但又充满希望。为了记录周一的会议，她准备了"团队责任会议"工具。

有了这个工具，海达可以记录并追踪所有团队成员每周的承诺。

一次团队责任会议

"早上好，我们用半小时的时间回顾一下我们的工作进展情况，并做出推动工作的承诺。这是一个简短的会议，希望大家都打起精神来，专心致志地参与。我们不想再召开一次毫无成效的会议。"海达开始讲话时，声音有些颤抖。她以前可没有做过这样的事。

他们已经知道，他们在项目进度上远远落后于其他公司了。"正如大家所看到的，到目前为止，我们已经在一些可交付成果上取得了进展，但我们还有很长的路要走。所以，大家看看我们能为此做出什么承诺呢。布拉克博士，先从您这里开始吧。"

作为一名经验丰富的资深研究员，布拉克博士揉了揉下巴上灰白的胡子说："我们有10个项目正在同时研发中。我一直在想如何才能加快某些药品的研发速度。我想尽早把它们识别出来，创建一个修订后的进度表，以便提升它们的研发速度。这是我的承诺。"

海达松了一口气。她本以为布拉克博士会以某种方式扰乱这次会议，但他遵守了基本规则。他一直都是一个言而有信的科学家。

几名参与视频会议的团队成员也在线做出了重大承诺。首席执行官特斯曼承诺会引入一家专门解决他们的困境的咨询公司。然后就轮到芮娜了。海达相信芮娜的专业技术和能力。

“我已经做了很多事情了。本周我必须完成公司的审计工作，所以我承诺完成公司审计工作。”

海达犹豫了一下说：“芮娜，我知道这项工作至关重要，但它有助于推进我们的项目吗？”

芮娜敏锐地看了海达一眼，微笑着说：“当然，我明白你的意思。嗯……我可能需要更新那份将近一年的项目成本/效益分析。我承诺我可以在完成审计任务之余完成这项工作。”

“谢谢你，芮娜。”海达松了一口气。她知道芮娜肩上的担子有多重。

会议的后半程进行得很顺利。通过审查项目规划书，每个人都能看到自己负责的可交付成果，并及时更新对交付成果的承诺。海达很高兴大家都如此配合，而且他们正在接受这个流程——直到轮到医学作家乔伦和埃勒特时，事情发生了变化。

乔伦开始说：“我们承诺加快提交申请书的撰写工作。我们过去一直认为，在药物试验完成之前，我们不能开始写申请书。我的意思是，在那之前我们没有数据，所以我们怎么可能这么早就开始动笔写呢？

“但我认为我们也可以早点动手。最难写的部分是毒理学报告——我们必须添加关于药物是否会对病人有害的数据。这部分花费的时间要多得多。我们必须证明该药物是安全的。

“嗯，假设我们一开始研发这种药物时就开始写毒理学报告，会怎么样？我的意思是，我们有很多经验。我们通常可以预测需要在报告中放些什么，也就是所有的图表和插图等。为什么不先编写一个虚拟报告，然后在数据齐全时再填写数据呢？这样可以节省大量的时间。”

埃勒特激动得满脸通红。“绝对不可以这样做。尝试一下都不行，太荒谬了。我们怎么能这样想呢？这是提交的申请书中最重要的部分——它告诉监管机构我们是否会让患者病情加重甚至死亡！”

海达看向特斯曼，试图寻求帮助，但特斯曼只是回看了海达一眼，没作声。她才是这个项目的负责人，她得负责解决当前的问题。

海达犹豫了一下。

“乔伦，”她说，“你在这里的承诺是什么？”

乔伦感受到了同事不满意，他有点不自信地说：“我想承诺创建一个模拟毒理学报告。”

“我们把它叫作毒理学报告的雏形，可以吗？”特斯曼笑了笑，紧张的气氛缓和了一些。

“不行，太假。”埃勒特站起来，生气地走出了会议室。

海达把事情搞砸了。这次会议让她更焦虑了。她将如何处理这场冲突？她不能失去埃勒特。在内心深处，乔伦是个踏实肯干的作家，而埃勒特的写作能力比乔伦更出色。

基本行为准则和团队的责任

所以，海达和某个团队成员在工作配合上出了问题。如果你碰到这样的问题怎么办？有人总是情绪低落或不乐于助人？有人总是逃避责任？有人是彻头彻尾的破坏王？或者当团队成员对你失望时，会对项目产生什么样的影响？

你有很多选择。你可以将他们从团队中开除、羞辱他们、指责他们，或者忽略他们并希望他们自己离开。但是这些消极的选择都不会增强你的非正式权威。

你要通过五大基本行为准则让他们对自己负责。忘记这些行为准则时，你可能会一时赢得某人，但最终输掉整个项目。

处理某个棘手的团队成员的问题时，你会感到失望、沮丧或者愤怒。如果你让这些情绪占了上风——而你还在团队成员面前暴露了你的情绪——你就真的输掉了这场战争。

你是否曾在生气时发送过指责的短信？在那一刻感觉很爽，但随后你就希望自己能够撤回信息，收回刚才说过的话？你知道，你刚才的话对人际关系甚至是你的职业生涯造成了多大的危害吗？感到失望、沮丧和愤怒是可以理解的，但好的负责人必须学会管理这些情绪。

记住，你的工作不仅是完成一个项目，还包括建立一个出色的项目团队。这意味着要培养人才，尤其是在形势艰难的时刻。

那么，如何对那些不能对自己负责的人进行责任追究呢？方法是，你自己必须践行五大基本行为准则。

假设一个团队成员参加了团队问责会议，说他们就是无法兑现那周的承诺，你该怎么做？如果你什么都不做，会产生什么负面影响？你给团队带来了什么后果？你是在告诉他们，承诺并不重要，他们也可以不完成任务，没关系。这对于那些履行承诺的人又会产生什么影响呢？他们不再信任、尊重你。

一旦你违反了这五大基本行为准则，你就不会拥有一个尊重这些行为准则的团队。

所以，第一次有人没有兑现承诺时，使用这五大行为准则找出问题所在：

首先聆听。让团队成员解释一下没有履行承诺的原因，同时要认真聆听。“审计员向我提出了一堆请求，我没时间做别的事了。”礼貌地重述她的回答，以确保你完全理解，“所以整个星期，你一直在做审计工作。”

明确期望。重新评估该承诺，并更新完成任务的最后期限。“我们真的需要这个新的组件。周三之前可以完成吗？”

传递信任。不要让团队成员感到沮丧或泄气。语气柔和地表达你对他们的信心：“你是这项工作的最佳人选，我们就指望你了。”

承担责任。确保团队成员了解其不履行承诺的具体影响。“好的，所以最晚到周四我们就要拿到该组件。我们已经落后了一周了，没有它，其他工作无法开展。”如果需要，帮助他们消除障碍。

展现尊重。承认工作严酷的现实，对于这种情况要表示同情。“我们都知道，审计员的到来，对你来说意味着什么。”

通过在团队责任会议中一贯对成员进行责任追究，你就在团队建设方面做了两件重要的事情：

◎ 团队成员将学会“承担”责任。他们会明白，他们让团队失望了，而不仅仅是让他们自己或你失望。

◎ 看到这一切，其他团队成员会想：“我可不想让自己陷入那个境地。”

这只是在团队层面上的责任追究，所有团队成员都会强化他们的决心，为团队和项目贡献最大的努力。

应用挑战：召开一次团队责任会议

使用以下团队责任会议工具，在你的项目中召开一次团队责任会议。

工具：团队责任会议

日期
项目进度问题
汇报上次承诺情况
做出新的承诺
清除障碍

进行绩效对话

现在，如果像埃勒特这样的团队成员破坏了你的项目，该怎么办？如果一个团队成员一直持消极态度，怎么办？如果一个团队成员一直存在不兑现承诺的问题，怎么办？

你必须迈出下一步：进行绩效对话。使用以下工具为与该成员进行一对一的私密对话做准备。

工具：绩效对话计划表

与谁进行对话	时间
我的目的是什么？	
具体情况是什么？	**对项目的影响是什么？**
行动事项	**负责人**

我们来解释一下这个工具。

你的目的是什么？ 绩效对话计划的第一步就是要确定你的谈话目的。为什么要进行这次对话？你这样做有两个重要的原因：首先，明确自己的谈话的进程。其次，你希望确保谈话就事论事，只涉及项目的结果。

具体情况是什么？ 接下来，思考一下你需要分享和记录的事实。这些是可观察到的事件，而不是意见。一定要准备好提供与问题或错误相关的行为的例证或证据。

有什么影响？ 准备好阐述这些事实对项目的影响，以便团队成员清楚地了解整个情况。

现在你可以进行一次有效的对话了。你要明白，谈话的结果主要取决于你沉着冷静和专业沟通的能力。如果自始至终都展现尊重，你就更有可能得到想要的结果。

用清晰、坚定但又随和的语气陈述你的意图和事实。这是澄清问题，然后稍作停顿。给团队成员时间来处理信息并让其沉淀。然后倾听——真正倾听他们陈述的事实及观点。

带着同理心倾听。设身处地为团队成员着想，并尽力理解他们的观点。安静地坐下来倾听。如果你安静地倾听，就给了对方一个表达情感并释放压力的机会——你不必支持、反对或为自己辩护——而且你可能会学到一些有价值的东西。倾听会让你有机会找出该成员表现欠佳的原因。

行动事项是什么？ 一旦对方感到被理解，请他们提出解决问题和明确期望的建议。通常，他们会知道该提出什么建议。然后用清晰而具体的方式告诉他们你对他们的期望以及他们对你的期望。通过商定具体行动事项和一致认可的最后期限让成员践行责任。约定具体时间审查这些期望的进展情况，确保他们知道你会在某个日期继续跟进。

通过对他们表示信任来延展他们对你的信心。即使你对他们有疑虑，不到万不得已也不要放弃他们。记住，你正在构建的不仅是一个项目，还有一个项目团队。

现在看看海达是如何处理与埃勒特的绩效对话的。埃勒特是一个任性的医学作家，不愿配合完成该项目的一个重要组成部分。首先，她非常清楚自己的目的。然后，她会尽可能清楚地记录下这些事实及其对该项目的影响。

工具：绩效对话计划表

<table>
<tr><td>与谁进行对话：埃勒特 · 洛夫堡</td><td>时间：6月1日</td></tr>
<tr><td colspan="2">我的目的是什么？</td></tr>
<tr><td colspan="2">• 弄清楚埃勒特将在申请书雏形的提交流程方面承诺做什么。
• 确定埃勒特是否会重新承诺遵守我们为这个项目制定的基本规则。</td></tr>
<tr><td>具体情况是什么？</td><td>对项目的影响是什么？</td></tr>
<tr><td>在5月28日的团队责任会议上，埃勒特对提交流程的一个建议表示反对。他似乎很生气。然后在不解释的情况下离开了会议，也没有进一步做出承诺。</td><td>• 当埃勒特违反基本规则时，他破坏了团队士气并威胁到项目的成功。
• 拒绝承诺推动项目进度，他就可能使项目延期。</td></tr>
</table>

一场高风险的绩效对话

6月1日上午，海达约埃勒特在私人会议室谈话。她向他说明了她这次谈话的目的、事件的具体情况，以及这件事对整个项目的影响。然后她请埃勒特说说他的看法。

埃勒特如坐针毡，不安地摸着他的金色头发。海达靠在椅子上认真地聆听。

“我说过，不能在毒理学数据出来之前编写毒理学报告。这是本末倒置。乔伦根本不知道自己在做什么。我已经和他一起共事好几年了，他从来都不切实际。他只是坐在那里，一副木讷的表情，似乎什么都听不进去。”

“我多次和他分享过我的想法，他总是对我不理不睬。他从来不说‘不，那行不通’或者‘我们不能那样做’，他只是无视我。然后他又提出这个愚蠢的主意，说在毒理学数据出来前就编写申请报告，大家都点头微笑着说‘去做吧，乔伦。这个主意听起来不错，乔伦’。我想知道，我是不是会议室里唯一头脑清醒的人。”埃勒特停下来，喘口气。

海达现在明白，这里发生的远不止是一个提案的分歧，还有个人问题需要解决。

“如果我没理解错的话，乔伦从未听取过你的想法、忽视你，所以令人讽刺的是，他的想法——一个你认为荒谬、不合逻辑的想法却得到了重视。这就像是一个颠倒黑白的世界。”

“完全正确。”埃勒特挺直了身子——他觉得终于有人听到了他的心声，“我也有很多想法，很多可以加速撰写申请书的好点子。但他从来都不听我的建议，因为他是资深作家，所以他才是那个能够表达自己想法的人。”

“团队根本不知道你的想法，也没有从你的想法中受益，是因为乔伦隐瞒了它们，是吗？”海达想清楚地了解发生了什么。

“嗯，我不确定他是否有意隐瞒了我的观点。他就像根本没有听到我的观点一样。”

“所以你觉得不是他故意隐瞒你的观点——而是没有认真聆听。”

“是的。我的意思是，他有一些好点子。他想早早开始撰写毒理学报告的想法并不差。我想这也不是不可行。但是我也有很好的点子呀。”

最终，海达和埃勒特共同协商了几个行动方案。

行动事项	**负责人**
与乔伦进行一次绩效谈话，讨论他与埃勒特的工作方式。	海达
承诺与乔伦合作完成毒理学报告的雏形。	埃勒特
组织一次特别的团队会议，让埃勒特展示加速撰写报告的想法。	海达
立即重新承诺将“五大基本行为准则”作为团队的基本准则。	埃勒特

通过这种方式，海达成功地将埃勒特重新融入团队，并成为富有成效的成员。他的许多想法被证实是有用的——有些甚至是卓越的。从那时起，埃勒特一直认真遵循基本准则，当然偶尔也会有一两次小失误。他现在充满活力、干劲十足。

海达还与乔伦进行了绩效对话，以了解他对待埃勒特的行为方式的根本原因。结果她发现乔伦并没有意识到他忽视了埃勒特的想法，他承诺要更尊重并更好地倾听同事的想法。

随后，乔伦和埃勒特重新开始协同工作，他们相互尊重、认真倾听、分享彼此的观点。他们决定使用“滚动波”工具撰写报告。他们一开始就起草了整篇报告，然后随着数据像海浪一样“滚动”过来，他们将其添加进草案中。这个过程节省了很多时间。

在接下来的一年里，海达与团队成员进行了许多次这样的对话。她和芮娜一起讨论最近法律文件延迟的问题。她多次与布拉克博士交谈，讨论他忽视其他团队成员评论的习惯问题。还有一段关于关系有点太亲密的敏感对话——这次她邀请了人力资源总监参加。

如果海达没有绩效对话工具，会发生什么呢？如果没有基本行为准则，她该怎么办？我们只能凭感觉猜测，但猜测可能会加深矛盾，让事情变得更糟。

你已经看到了这种方法在应对棘手问题方面的效果，但实际上，绩效对话工具也可以用于规划积极的对话。也许你会想，我为什么需要规划积极的对话呢？

想想上次有人给你正面反馈时，你的表现是什么样子。可能听到“干得好！”或“做得不错！”的表扬，你会感到高兴，但仍然会想，哪一部分工作做得好呢？

通过以正确的方式给予具体的正面反馈，可以提升你的非正式权威。说明你的目的，表扬哪部分工作做得好及其积极影响。当你准确地告诉成员他们做了什么，以及它如何影响项目时，你就建立了良好的人际关系，同时鼓励他们再接再厉，这将为你的项目添加巨大的动力。

一次紧张的会议

德鲁坐在项目办公室外，等着奥利维亚的到来。奥利维亚让他来办公室见她，但他不知道这次会议的主题是什么。他是人力资源经理的助理，但奇怪的是，却并不太善于与人打交道。他认为这次见面可能是自己做错了什么，因此心里有点忐忑。

“德鲁，”奥利维亚出现在拐弯处，“谢谢你在这里等我。今天真是令人疯狂的一天。”

“不客气，”德鲁声音颤抖地说，“出什么事了？需要我做点什么吗？”

“不需要，”奥利维亚说，“今天没有新的任务。事实上，我请你来就是向你表示感谢。”

他们坐下后，奥利维亚打开了笔记本电脑上的项目文件夹说：“德鲁，你的调查做得非常好，我们最近一直很忙，但我还是想当面告诉你，你为这个项目做出了多大的贡献。”

德鲁微笑着，但他感到有点不自在。从来没有人正式地邀请他参加会议，只是为了当面感谢他。他为这次会议的真正原因做好了心理准备——他肯定后面还会有坏消息等着他。

奥利维亚接着说道：“在你做调查时，我注意到你做的几件具体的事。首先，我对你聘用瓦尔和杰克的方式印象深刻。事实上，他们向我提到他们是多么喜欢和你一起工作。他们告诉我，你明确地告诉他们需要做什么，你定期与他们核对进展情况，当他们的工作偏离轨道时你会及时发现并帮助他们。结果，你们三个按时完成了调查。这是令人印象深刻的反馈。”

德鲁逐渐放松下来，异常高兴。

“还有一件事，”奥利维亚说，“在如此努力工作之后，我相信你很疲惫。你完全有理由休息，如果你这样做了，我不会有任何意见。相反，你却走到我面前，问我们现在有什么需要帮忙的。由于玛丽亚在休病假，我们的培训计划有点落后了，但因为你的帮助，我们又成功走回到正轨。”

“这没什么，”德鲁说，“我只是想帮团队做点儿事。”

“你一直都在为团队做事。我今天只是想告诉你，你所做的我都看在眼里了。谢谢你，德鲁。我真的很高兴你加入到我们的团队里。”奥利维亚握了握他的手，站起身说，“我现在要去培训了。”

“谢谢您，”德鲁说，“我知道您很忙。我真的非常非常感激。这真的出乎我的预料。谢谢您。”

下次你要对某个员工的出色工作表示感谢时，可以试试这个公式：

◎ 意图

◎ 事实

◎ 影响

态度诚恳地当面致谢比书面表扬要有意义得多，接受者会确切地知道他们哪方面做得好，可以再接再厉。他们将来还会这么做。

到现在为止，你已经看到，项目管理实际上就是人际关系管理。你可以使用复杂的项目管理程序，你可以像专业人士一样规划项目并出色地运行管理流程。但其实项目就是人——有工作、家庭、情感和个性的人。

他们很可能也有自己的老板——如果你是一个非职业项目经理人，你算不上是他们的老板。但只要你能激发项目成员全力以赴，努力促使项目成功，你是不是他们的老板并不重要。

他们也会选择把自己最好的一面展现给一个能够激发、鼓励并让他们负责的领导者。

有位睿智的项目经理这样说：员工是否全力以赴主要“取决于那些不完美、坚持己见、意志坚定的人每天决定做什么”。你可能不是他们的老板，但通过遵循这本书中的原则，你的非正式权威将会在你的团队中不断增加。

应用挑战：规划绩效对话

使用下面的绩效对话计划表来计划和扮演一个“错过的承诺”的对话。

工具：绩效对话计划表

与谁进行对话	时间
我的目的是什么？	
具体情况是什么？	对项目的影响是什么？
行动事项	负责人

总结

简而言之，项目管理的第三步是确保团队参与。在这里，你将决定如何与团队协作。你设定了基本准则——五大基本行为准则。你建立了责任机制——一种定期和频繁的团队责任会议的机制——以便团队成员能够做出和解释其承诺，以推动项目向前发展。你经常约见团队成员，通过绩效对话来表彰他们的贡献，或者帮助他们改变某些行为——或者两者兼而有之。

使用以下工具确保团队参与：

- 团队责任会议记录，以追踪团队承诺和清除障碍。
- 帮助团队成员提高贡献的绩效对话计划表。

检查你的学习成果

√ 如何为团队创建一个项目?

√ 什么是团队责任会议？它与典型的员工会议有什么不同?

√ 你为什么要在团队责任会议中审查项目规划书？为什么要把它当作一场比赛中的记分牌呢?

√ 为什么要求团队成员汇报他们上次承诺的履行情况并做出新的承诺?

√ 如果一个团队成员没有履行承诺，你会怎么做?

√ 为团队成员“扫清障碍”意味着什么？

√ 与员工进行绩效对话如何帮助你建立与团队成员的关系，同时提供有效的反馈？

第六章

追踪与调整：灵活管理，确保价值

CHAPTER

6

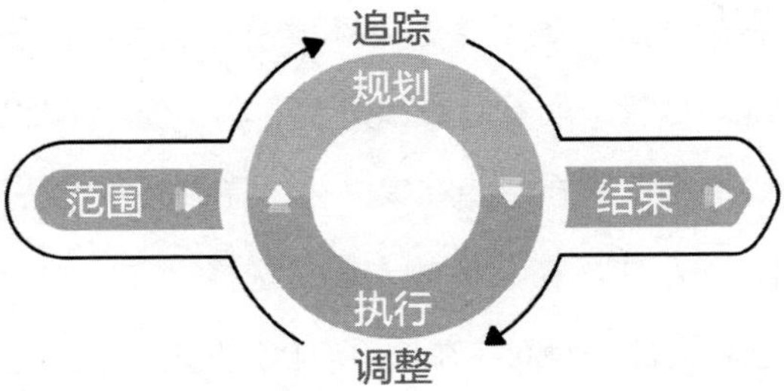

为什么“追踪与调整”环绕在项目流程模型之外？因为我们一直在追踪和调整整个项目流程。

◎ 我们已经确定了主要利益相关方并制定基本行为准则，以确保项目增加它本应增加的价值。

◎ 我们已经规划并制定了风险策略方案，以便在事情发生变化或出现问题时进行调整。我们拥有了包括反馈循环的风险管理规划书，以便追踪可能出现的问题或及时规避问题，并建立关键路径。

◎ 我们已经建立了责任机制，以追踪项目进展情况并激励团队始终如一、全身心地投入其中。

在整个项目的实施过程中，我们都在追踪我们的计划。我们根据需要进行适当的调整，最小化问题，利用一切有利时机，并保护关键路径。我们的参与过程包括团队责任会议和绩效对话两部分，以帮助我们根据需要进行调整。我们已经为成功奠定了基础，可以说是万事俱备。然而……

积极主动原则

奥利维亚在她的过渡到混合办公环境模式项目中不能有丝毫差错，否则将一败涂地。尽管一切看起来都进展顺利，但她依然感受到这个项目的不稳定性。许多同事在选择在家办公、在办公室办公还是在另一家公司办公之间犹豫不决。在大多数人做出选择之前，她无法完成项目。因此，奥利维亚将大部分时间花在追踪项目进展和灵活调整上。

追踪和调整可以确保项目按计划进行——按时、按预算交付承诺的价值。特别是，它可以追踪已经确定的风险。你是否按照预期处理了风险？或者需要采取不同的应对措施？此外，是否出现了新的风险？是否需要新的策略，甚至需要重新定义和重新规划项目？

这里采取的原则是积极主动。

◎ 积极主动意味着预测问题而非对问题做出反应。这就是为什么我们在项目早期要进行风险规划的原因。

◎ 积极主动是在需要改变时及时做出改变，而不是抗拒改变——尤其是当变化极大地增强了项目的价值时。

简而言之，事情发生在被动者身上，而积极主动者会使事情发生。

即使你正在很好地追踪已经制订的计划，你仍然必须准备好应对随时出现的变化。项目经常因为世界的变化趋势而失败。利益相关方可能要求项目添加新的功能。他们不断“修正”或“修改”或“调整”他们的期望或改变截止日期，这一切都会让你发狂。这可能是市场发生了变化，技术突然发生革新，或者是新的首席执行官又有新的优先事项亟待解决。

正如我们所说，你可能会受到“范围蔓延”问题的困扰——项目可能会变成难以控制的怪物。项目专家认为，项目的需求（范围）和规划书的频繁变化是他们面临的最大挑战。这不仅仅是那些要求更多或不同“东西”的人的错。范围蔓延可能是因为一开始范围不清晰，或者你在没有深思熟虑其影响的情况下同意了变更。于是项目变成了一发不可收拾的混乱局面。

高效的项目经理会持续追踪项目进展，阻止项目陷入混乱的局面。如果你保持着定期召开责任会议的好习惯，就会避免项目失控的趋势。

即使按计划追踪进展，或成功管理了风险策略——你又该如何应对变化呢？

史蒂芬·柯维曾说：“把我们的幸福建立在我们有能力控制一切的想法上是徒劳的。”即使进行了最好的规划和追踪，你能控制的事情也是有限的。如今世界变化的速度如此之快，我们根本不知道明天甚至未来几个小时会发生什么。

适应变化并不仅仅是咬牙坚持并接受它，它还意味着要感知变化，甚至是拥抱变化。

对项目的变更可能会增加项目的价值。在任何项目中，第一次尝试提出解决方案通常会引发很多问题。优秀的项目经理总是期望并拥抱变化。当利益相关方审查项目时，总会提出一些意想不到的问题。随着问题的不断解决，团队将获得越来越多的价值。

举个例子，假如你正在为客户打造一辆新的电动自行车。在某个周末，你加班加点制造一辆粗糙的自行车，以便客户周一就可以试骑。客户会发现各种各样的问题需要你解决。

到周三，你已经在下一个迭代中解决了所有反馈的问题。客户再次试骑，并提出了新的问题。有人发现平衡有问题，有人觉得车座太硬，还有人说换挡不太流畅。

再一次修改后，你已经改进了所有性能。在这期间，客户提出的问题越来越少。很快，他们的要求也越来越少，越来越期待他们的新电动自行车。

边改进边增加价值是敏捷方法的本质。敏捷方法的一个基本原则是："即使在项目的后期，也欢迎变更的需求。敏捷流程具有利用变化来获取客户的竞争优势。"显然，自行车制造团队无法详细计划产品在下周或下个月会是什么样子。

对于项目领导者而言，生活中的实例说明：昨天重要的事情今天可能已不那么重要。你可以对这一实例感到惋惜，也可以接受它——或至少对其表示礼貌和尊重。

你可能会发现自己不断地调整项目的目标、流程和环境——所有这些都基于能够满足不断演变的利益相关方需求的可能性。因此，在项目管理过程的这一阶段，获取反馈并根据反馈进行调整是至关重要的。

理想情况下，你需要与利益相关方保持尽可能密切的反馈循环。尽管你可能很难经常与他们面对面收集反馈信息，但你会发现通过定期和有规律的会议可以获取更多有价值的反馈。这也是为什么最好从项目规划的一开始就将反馈循环纳入其中。这样，利益相关方就能按计划提供反馈。

使用项目状态报告不仅能够激励利益相关方积极参与项目，还能从中获得反馈，以确保项目持续前进。

沟通项目状态

使用此工具或类似工具向主要利益相关方报告项目目前的状态：

工具：项目状态报告

项目名称					**日期**
项目总体健康状况		**□进展顺利**	**□存在危险**	**□处于危险中**	
可交付成果		**进展顺利**	**存在危险**	**处于危险中**	**备注**
		□	□	□	
		□	□	□	
		□	□	□	
		□	□	□	
		□	□	□	

（续表）

<table>
<tr><td></td><td></td><td>□</td><td>□</td><td>□</td><td></td></tr>
<tr><td></td><td></td><td>□</td><td>□</td><td>□</td><td></td></tr>
<tr><td></td><td></td><td>□</td><td>□</td><td>□</td><td></td></tr>
<tr><td></td><td></td><td>□</td><td>□</td><td>□</td><td></td></tr>
<tr><td>清除障碍</td><td colspan="2">怎么做</td><td colspan="2">负责人</td><td>日期</td></tr>
<tr><td></td><td colspan="2"></td><td colspan="2"></td><td></td></tr>
<tr><td></td><td colspan="2"></td><td colspan="2"></td><td></td></tr>
<tr><td></td><td colspan="2"></td><td colspan="2"></td><td></td></tr>
<tr><td></td><td colspan="2"></td><td colspan="2"></td><td></td></tr>
<tr><td></td><td colspan="2"></td><td colspan="2"></td><td></td></tr>
<tr><td></td><td colspan="2"></td><td colspan="2"></td><td></td></tr>
</table>

以下是如何使用该工具的方法：

项目总体健康状况：确保利益相关方知道项目是否按计划准时交付、是否在预算范围内。至关重要的是，指出项目是否存在风险或存在完全偏离轨道的危险。

可交付成果：列出可交付成果，并指示哪些在计划范围内，哪些存在风险，哪些有可能遭受重大打击。复选框的作用类似于交通灯，因此你需要确定每个可交付成果是绿色、黄色还是红色的状态（有些公司正式将项目状态标记为“绿色”“黄色”或“红色”）。绿色表示进展顺利。黄色表示存在风险。如果可交付成果遇到了危险，说明你遇到了红灯。停下来仔细考虑一下接下来该怎么做。

红灯或黄灯是向利益相关方发出的危险信号，表明你需要他们的帮助。这意味着你在资源、项目进度或预算方面存在问题，希望引起他们的注意，尽量避免，以便团队的后续工作顺利展开。有时，利益相关方在纸上的一笔之力就可以完成项目经理无法企及的事情。

有时，红灯或黄灯也可以表示机会，而不是问题——增加价值的机会。这意味着你正在根据新信息重新思考可交付成果。

确保像新闻标题一样简洁明了地陈述你的问题或机会，简要总结利益相关方需要采取的行动（如果有的话）。

不要这样做

可交付成果	备注
试验设计	投资需求
监管合作	改进

这样做

可交付成果	备注
新的“快速通道”药物试验陷入停滞状态。	为了加速这些试验，我们需要更积极的投资。
与药品监管机构的合作有望加快我们的审批程序。	客户们提醒我们在该机构看到的常见陷阱，以及如何避开它们。

注：在本节中，要主动提出解决问题的建议。在项目状态审查会议上，要记录利益相关方的反馈——特别是那些会增加价值或改进流程的想法。

清除障碍：保证人们对可能影响项目的问题做出承诺。

项目状态报告是一份“对话文档”。这不仅是一种表面形式，而且是获取项目保持正轨所需帮助的机会，因此状态报告对于作为项目经理的你来说，确实是好处多多。有位专家曾经说过：“所有客户都希望他们的工作能按时、按预算完成——或者更好、更快、更便宜。但如果他们无法实现这一点，当然，有时候他们确实无能为力，那么他们渴望在整个项目过程中，能够时刻了解项目的状态。”

状态报告应该交给谁呢？多久一次以及以什么形式报告？回看一下你的项目范围文档，确定哪些利益相关方需要它，以及如何以最佳的方式交到他们手中。

上述工具可以让利益相关方了解正在发生的事情，同时也是消除项目进展障碍的方法。它不是一份充满繁文缛节的复杂文档，而应该是一份一目了然的文档，以便主要利益相关方和其他人可以轻松快速地看到他们是赚了还是赔了——以及他们如何提供帮助。

一次富有成效的项目审查

海达不希望她的主要利益相关方担心项目的进展，因此她添加了特定的里程碑，表明在这个节点可能需要做出重要的决定。

一个重要的里程碑是项目状态审查，以展示加速将药物推向市场的工作模拟进展情况。这个里程碑花费了一年多的时间才达到，现在是时候让董事会提出对该进展情况的建议了。在这次审查会议上，他们将决定是继续使用拟议的模型，还是推翻重新开始。

海达在汇报时表示，尽管项目面临风险，但大多数可交付成果现在都在计划之内。

然后，她以与她管理团队责任会议相同的方式处理这次会议。其目的是在没有异议的情况下，尽快获得尽可能多的意见。每个人都有机会对模拟的解决方案提出反馈意见，她会说："谢谢，下一个？"

这次会议比她预期的要富有成果得多。一位利益相关方，同时也是一家特殊药品公司的专业代表，提出了一个新的建议："我们一直在与你们合作开发治疗罕见病的药物。如果我们不仅在开发方面与你们合作，而且在编写应用程序方面也与你们合作，以确保它完全符合我们的需求，你们有什么看法呢？"

布拉克博士接着说，"如果我们这样做，加快药物批准的可能性将会大大增加。"于是，这项合作马上就达成了。

然后，一位代表监管机构的利益相关方提出了一个意想不到的建议。"你们是在试图加快我们的审批流程，我们也知道我们的流程太慢了。为什么我们不一起努力找到加快我们双方流程的方法呢？"所有人都为之振奋。

"为什么我们以前没想到这一点呢？"埃勒特惊叹道，甚至乔伦也露出满意的笑容。该机构的提议成为一项可大大清除获批障碍的行动事项。

为什么要进行项目状态审查

在项目状态审查中，你应该检查项目是否按照承诺的业务价值交付？是否仍然符合财务预算计划？财务预算是否仍然合理？如果有拟议的变更，它对财务有何影响？

项目状态审查帮助你及时识别可能偏离轨道的地方并做出调整。简而言之，在审查过程中，要及时发现问题并征求团队的改进意见。

项目状态报告对责任会议的规律召开至关重要。即使事情进展顺利，让利益相关方知道事情的进展情况也能让他们保持冷静，并与项目保持联系——你的非正式权威水平将继续上升。即使没有项目条款更新，也要定期召开责任会议。这样，在大家的心目中，你就是一个能力出众、责任心强的项目负责人，因为无论项目进展顺利还是遇到障碍，你都会为此负责并对大家公开透明，毫无隐瞒。

因此，请经常与利益相关方进行沟通。他们需要知道你的项目是否取得进展，如果没有，你正在采取什么补救措施以及他们如何提供帮助。

主要利益相关方不仅是寻找违规行为的警察，他们还是为项目提供改进和增值机会的丰富源泉。不要错过利用他们的专业知识和多元化观点来改善项目的好机会。

应用挑战：准备一份项目状态报告

使用下页工具评估项目的状态。从利益相关方那里获得反馈，并寻找增值的机会。

适应变化

我们的一位客户开始修理他浴室里漏水的花洒，但由于他是“水暖白痴”（他的原话），结果他把一切都搞砸了。修理损坏的花洒还需要重

工具：项目状态报告

项目名称	日期
项目总体健康状况　☐进展顺利　☐存在危险　☐处于危险中	

可交付成果		进展顺利	存在危险	处于危险中	备注
		☐	☐	☐	
		☐	☐	☐	
		☐	☐	☐	
		☐	☐	☐	
		☐	☐	☐	
		☐	☐	☐	
		☐	☐	☐	
		☐	☐	☐	
		☐	☐	☐	

清除障碍	怎么做	负责人	日期

新铺瓷砖。“反正我们要动工了，”瓷砖工人说，“为什么不把整个浴室重新铺一下呢？”

“好的，当然可以。”我们的朋友说。

但在重新铺砖时，瓷砖工把厨房的墙壁凿穿了。

长话短说，6个月后，付出了“巨额修理费”之后，我们的朋友拥有了一个新的浴室和一个他非常喜欢的新厨房。但这些翻新不在他的家庭财务开支计划内，后续还需要不断地付款。

最初只是一个简单的修理漏水管道的项目，最后竟然变成了一个无底洞，吞噬了我们朋友的银行账户。每个项目都可能像这样失控并吞噬你。你认为需要6个月时间的项目可能需要3年才完成。你认为成本是X，结果成本却呈几何倍增！

如何防止项目失控

如前所述，随着原始项目逐渐失控，你可能会随着项目范围不断扩大而陷入无法前进的状态，只能在原地徘徊。敏捷的从业者称这种现象为“黑洞”。

当一个或多个可交付成果花费的时间和精力远远超出预期时，黑洞就产生了，从而使整个项目脱离原定计划。就像外太空中的黑洞一样，一个项目的黑洞会吸收所有人的精力，窃取其他可交付成果的宝贵时间。

黑洞是如何产生的？

也许是你没有正确界定项目范围，或者没有考虑到可交付成果的复杂性，又或者是事情发生了变化，比如利益相关方的优先事项、市场、技术、可用预算等发生了改变。

作为项目经理，你的声誉取决于能否按时、按预算交付价值。因此，你肯定不希望人们在项目中随意添加新的功能。

当然，你无法逃避也不应该逃避所有变化。任何事物都可能在一夜之间发生变化，你不可能成为维持良好秩序的警察。我们生活在一个相互影响的协同世界，人们确实会改变主意，甚至会想出更好的建议，从而带来更好的结果。然而，有时这些“更好的结果”可能只是微不足道的变化。那么如何划定界限呢？

你又如何适应变化，避免被吸入黑洞呢？

只对项目范围进行高价值的变更。显然，如果它们能极大地增加项目的价值，你可以考虑变更。“好的建议”甚至是令人兴奋的想法并不一定能增加项目的价值。作为项目负责人，你要能够帮助团队区分高价值的变更和仅仅是好的点子。

一般来说，一个高价值的变更将会：

◎ 显著增加投资回报率（ROI）和/或净现值（NPV）。

◎ 应对市场的重大变化。

◎ 大大加速结果的产生。

如果利益相关方接受了这些变更，你的项目轨迹也会发生相应的变化。

审查团队行为。团队是否有太多的变更？是真正专注于关键路径，还是经常受到干扰而使项目中断？是否感到一系列竞争优先事项的压力？是否将“容易”或“休闲的”活动误认为是“关键的”任务？

彬彬有礼地提出反对意见。有时，势力强大的利益相关方会提出无理的要求和变更。如果是这样，务必严格遵循五大基本行为准则。使用绩效对话工具保持中立并记录事实的真相。

◎ 变更的目的是什么？

◎ 影响是什么？

◎ 哪方面需要变更（资源、预算、时间）？

在了解这些问题的答案之前，你不能理性地论证你应该支持或反对改变。

防止项目范围强势扩大

唯一能够阻止项目范围强势扩大的事情就是金钱。

例如，反诈骗公司（ScamCatch）的订单正在激速增长。网络诈骗的猖獗让警察部门不堪重负，于是充满活力的年轻企业家芬捕捉到了这一机会，填补了网络反诈的空白——在骗子实施诈骗几分钟后就将其抓获。

于是，反诈骗公司就此诞生。针对芬的客户进行诈骗的骗子可能隐匿在从中亚到火地岛的任何地方。然而，与世界各地偏远地区的客户保持联系速度缓慢，甚至是无法实现的。因此，他成立了一个项目团队以便寻找更快的联系方法。项目团队最终决定建立一个使用标准卫星电话的私人网络。

后来有一天，芬听说一种新型的智能手机正在研发中——一种嵌入了卫星技术的智能手机，信号强大，可以联系到任何地方的人。

“我希望能够用一部手机来解决所有事情，”芬告诉项目团队，“我不想要两部手机。”

团队负责人李研究了采用卫星智能手机的成本和复杂性。很快，她知道一场巨大的变革即将降临，但困难重重。这款所谓的卫星智能手机目前正在研发中，距离推入市场还有数年时间，即使使用实验手机也需要耗费巨资。

李要求和芬会面。“请帮我变更这个项目。”他们一起使用变更请求工具来对项目进行了变更，并弄清楚它对项目范围、预算和最后期限的影响。

事实上，李安排了一次与项目主要利益相关方的简单汇报会议，其中包括反诈骗公司的首席财务官。“谢谢大家今天能够碰面，”李说，“我们正在考虑一项项目变更申请，用一种新型的智能手机取代私人卫星网络。在我们这样做之前，我希望大家了解一下变更对项目的影响。”

当李宣读变更请求表格时，每个人都默默地听着，谁也不说话。她简述了他们必须遵守的一堆美国国内外法律法规。当首席财务官听说这个变更的成本超过预算的10倍时，他惊呆了。“我们绝对无法证明那样的开支的合理性，更何况这款产品还没有上市！”

在权衡了所有的数据后，芬同意推迟转向新的智能手机技术。

拥有了正确的信息和工具，项目经理就能够与利益相关方进行专业而流畅的对话，而不是陷入无边的黑洞。她不是任人摆布的人偶——她得到了她想要的、正确的结果。

项目变更流程

那么，如何判断某个项目的变更是否有意义呢？你怎么知道那个高科技手机的网络有多重要？你需要一个项目变更流程，这样当有人来找你说“嘿，你能让它做到这一点吗？”时，你就会有一个系统来决定你是否应该这样做。

使用这个项目变更申请工具来指导你对项目变更的决策。

工具：项目变更申请

项目名称：
申请人：
拟议的变更：
变更的原因：
该变更将如何增加价值
该变更将如何影响项目的约束条件
时间

（续表）

质量		
预算		
主要利益相关方	**同意**	**日期**

首先，回看你的项目范围说明书，保证向变更申请人解释项目的最初期望。

拟议的变更。尽量详细说明你在项目范围内请求更改的内容。不要使用模棱两可、容易产生歧义的语言。对变更的详细描述有助于利益相关方判断变更对项目规划产生的价值和影响。

不要这样做

拟议的变更
使用内嵌卫星技术的智能手机，而不是私人卫星网络。

要这样做

拟议的变更
开发一款智能手机，它拥有使世界偏远地区的手机基站和卫星覆盖之间无缝连接的能力。为达到这一目标，需要完成以下步骤： • 研究切换到智能手机环境的优缺点。 • 向国际电信联盟申请网络许可证。 • 与卫星公司签约提供低频数据传输。 • 与那些不允许干扰现有数据网络或审查电信的国家进行磋商。 • 与智能手机提供商签约使用实验设备。

变更的原因。尽量使用符合变更申请人的语气表达，以确保你自己的偏好——无论你持支持还是反对意见——不会表露出来。

不要这样做

变更原因
首席执行官想要转换为智能手机技术，因为它比笨重的卫星手机更便捷。

要这样做

变更原因
首席执行官说："我希望使用一部手机就能完成所有事情。我不想要两部手机。卫星电话又大又笨重。智能手机对我们的客户来说更便捷。"

该变更将如何增加价值。同样，使用变更申请人的措辞。

不要这样做

该变更将如何增加价值
更快、更便捷的网络。

要这样做

该变更将如何增加价值
变更申请人说："智能手机比卫星手机更便捷，我们的客户也比较了解手机的使用方法。此外，与普通卫星手机一样，内嵌卫星技术的智能手机几乎可以在全球任何地方联网。"

该变更将如何影响项目的约束条件。精确记录变更所需要的时间以及对项目进度的影响。该变更将如何影响利益相关方对项目可交付成果期望的质量标准？将如何影响项目预算？

该变更将如何影响项目的约束条件

时间

据估计，我们需要将项目的最后期限推迟至少6个月，甚至可能推迟一年，因为我们要取得许可证和签订生产合同，还要论证该想法的可行性。而且，该产品仍处于实验阶段。

质量

我们将获得与专用卫星手机水平相当的全球网络连接，用户体验也更为便捷。

预算

我们估计，额外的许可、合同和新系统的验证需要增加1,000%的预算。此外，供应商每次打电话的费用至少是标准电话费的10倍。

这种关于变更申请的事实陈述可以让利益相关方权衡变更对项目产生的价值。他们可以更好地判断变更是否极大地增加了项目的价值或有可能将项目推向无底黑洞。

如果利益相关方批准变更，他们应该在项目变更申请表上签名。如果他们不批准，你要记录下拒绝的原因，并将其保存在文档中，以备将来再次讨论。

留下还是离开

奥利维亚花了一点儿时间来消化德鲁最新调查报告的结论。

她马上给每个主要利益相关方发邮件，要求尽快安排会议。

“最终的调查结果让我们感到吃惊，”她大声说，“看来，我们有90%的同事计划远程办公。我们之前认为可能有大约30%或40%左右，因此项目的一个主要交付成果是对办公大楼重新规划使用。”

“现在看起来，办公楼就要空无一人了。只有高层管理人员、财务部和人力资源部表示他们想留在办公大楼办公，总共大约只有30人。如果是这样，我们就需要做出谨慎的决定。”

“保留当前的办公大楼还有意义吗？我们是否从项目中取消对办公大楼的重新规划利用？我们是否应该计划将这30人全部搬到其他工作场所？换句话说，我们是留在这里办公还是离开？”

首席执行官情绪激动地说：“我对整个项目表示怀疑。90%的员工都远程办公，我们还怎么做生意呢？从一开始我就不太认可这个混合办公环境模式。他们当然想待在家里了，谁不想呢？”

这可是首席执行官在发言啊。奥利维亚不知该怎么回应，但她尽力保持镇定。她一直认为人力资源经理玛丽亚应该负责这个项目，而不是她。现在她抬头看向玛丽亚，试图向她寻求帮助：“帮帮我！帮帮我！”但玛丽亚只是回看了她一眼，没说话。

“嗯，谢谢，”奥利维亚回应道，“其他人还有什么要说的吗？”

谢天谢地，幸亏她提前制定了项目管理的规则。现在还不是做出任何决定的时候。

屋子里顿时一片安静。随后德鲁，她团队中不可或缺的人，开口说话了。看到他稀疏的胡须颤动着，她就知道他有多紧张。

“我们的调查结果绝不是草率得出的。我们团队与近300名员工进行了一对一的深入交流。我们评估了他们的职位、工作台、工作日历和工作环境。我们为每个员工制订了工作计划，包括如何协同办公计划。我相信我们的同事没有撒谎，也相信他们所说的话：远程办公的工作效率更高。”

“他们当然会这么说。”首席执行官插话道，但奥利维亚语气坚定地说：“谢谢，德鲁。下一个？”

德鲁的一名调查员打开她的笔记本电脑，大声读了一些员工关于混合办公环境模式以及这种模式对他们本人和公司会更有益的评论。对他们来说，主要问题是通勤时间——他们中的许多人每天都在从家到市区办公室的路上奔波。交通堵塞、等公交车、地铁、家庭冲突——每天这些事情加起来就会浪费掉好几个小时。

奥利维亚从马尔福利奥公司请了一位顾问，来为这个项目提供建议，她邀请他分享了他的调查发现。该顾问穿着整洁的西装，打着一条黄领带，穿着黄袜子。“具有讽刺意味的是，你们最敬业的员工并不想在办公室办公。”他说。

“这不合常理。”首席执行官怒视着顾问，后者也不甘示弱。

“的确，远程办公确实会让员工与‘公司’疏远，”顾问回答道，“忠诚度也会有所下降。但你们正在面对的是与上一代不一样的年轻员工，上一代是‘属于公司的员工’。而今天的员工想要做出贡献，并不一定要属于某个公司。”

接下来是首席财务官杰克发言：“我告诉你什么不合常理吧——如果这座办公大楼空闲90%，甚至50%，那么支付巨额房租就不合常理。我们需要终止租赁合同，租一个较小的办公场所。”他像往常一样，说话简洁而直率。

首席执行官表示赞同杰克的话：“这样，我们会省下一大笔钱，对吧？”

欧洲销售负责人塞巴斯蒂安通过视频参与会议，他说：“那我们怎么协同办公呢？我记得我们以前讨论过，但有时人们需要面对面办公。”

“我们的合作似乎一直很顺利呀，赛布，”玛丽亚插话道，大家都笑了，“不过，说真的，他说得对。我们依然需要良好、具有创造性的、面对面的合作环境。我建议变更原计划中重新规划办公大楼的计划，寻找一个位置方便、办公空间稍小但合作空间更大的工作场所。”

甚至首席执行官也同意这个建议。奥利维亚感激地在电子白板上贴了一个项目变更申请表，请大家一起填写。

范围扩大和范围发现

项目变更申请需要深思熟虑，但不要担心。你不需要填写每一个变更，但当有人建议变更时，你就要认真思考这个变更的流程。微小的变更则另当别论——你可以不予理会或坦然接受——但责任机制原则要求你必须通过这个流程对大的变更进行深思熟虑的抉择。

但即使是微小的变更也要谨慎对待，因为如果微小的变更不断积累，并积累到一定程度后，就可能压垮你。“你需要确定一个规范，在不必要的请求不断蔓延之前，坚决地把它从核心事项列表中删除。”有位专家这样说，“通常，项目开发人员都是乐于助人的人，他们会尽最大努力（来满足新的请求）。但如果这种要求成倍增加，其严重后果就是导致项目的失败或延期。”

在奥利维亚的案例中，该项目需要进行重大的范围变更。大多数项目负责人都会在这个问题上犹豫不决——他们对于范围扩大已经心有余悸——而这次范围扩大的程度又极大。然而，有时整个项目范围必须随着新信息的出现而改变。

范围扩大与范围发现之间有很大的区别。随着项目的展开，你可能会发现原始项目范围说明书不能满足项目的实际需求。聪明的项目经理效忠的不是范围说明书，而是项目的预期结果。

始终要牢记，真正的目标是创造价值，而不是墨守成规，固守项目规划。

你如何知道自己是站在黑洞的边缘还是真正有价值的发现呢？以下是一些指导方针：

如果建议的变更是	**你面临的是**
• 增加成本和时间，却没有为客户增加重大价值。 • 让这个项目更令人困惑或分散团队的精力。 • 增加了没有必要的价值。 • 变更的动机是政治目的，而不是真正的项目需求。	范围扩大
• 创造了显著的新价值。 • 以显而易见的、更优越的方式来满足利益相关方的直接需求。 • 明确说明了该项目的目的。 • 将这个项目更集中在可控的解决方案上。	范围发现

这些指导方针很有用，但你还必须依靠自己的常识来判断。如果不断地给项目增加负担，你可能陷入了范围扩大的泥淖中——特别是如果这些负担并不是非加不可的要求时。

那么，如何对一个变更申请说不，特别是如果想要变更的人（坦白说）比你更有影响力呢？

通过项目变更申请工具的过滤器进行变更，该过滤器就是你与变更申请人对话的“谈话文档”。记住这五个基本行为准则：

◎ **首先聆听。**确保清晰记录变更的内容是什么以及变更申请人想要变更的原因。记得使用你的主要利益相关方的问题来澄清你的观点。

◎ **明确期望。**使用该工具来确定任何附加的价值和对时间、质量及预算的影响。

◎ **传递信任。**如果变更申请人是出于对项目的忠诚和善意的话。

◎ **承担责任。**记住，你的责任是按照协议执行项目，因此你必须证实扩大范围的合理性。确保利益相关方清楚范围的变更意味着什么，并确保他们明确地批准或否决该请求。

◎ **展现尊重。**对那些向你提出变更建议的人大发雷霆或说他们坏话没有任何好处。另外，记住，你应该是一个礼貌待人、彬彬有礼的人。

遵循这些原则，你就会在应该说不的时候说不。

遵循五大基本行为准则实例

一家糖果公司的高级推销员经常夸海口、过度承诺。最近，他接下了一份庞大的订单，客户要求提供一种不含谷蛋白的特殊糖果，而且希望在30天内交货。即使项目团队夜以继日地努力调整配方，以确保完美无误，但按时发货还是有点危险。

然而，另一个巨大危机接踵而来——有一天，销售人员急匆匆地冲进工厂，气喘吁吁地说客户现在想在两周内收到货物。

项目经理怀疑销售人员只是为了更早地拿到报酬才这样说，因而很生气，但她遵循了五大基本行为准则。她认真倾听了销售人员的发言。然后，（尽管销售人员抱怨项目经理在浪费他的时间，）他们还是共同填写了一个项目变更申请表，以明确期望。她请求销售人员多给她一点时间，看看是否能解决这个问题。她不想让销售人员认为她“反应迟钝”（她能感觉得到），因为他迫不及待地想要回到他的客户身边，给他一个准确的答复。

项目经理陷入了沉思，现在情况有点复杂。她不想惹恼公司的大客户，但整个交易时间面临严重风险，因为时间太短、预算不足，最重要的是公司可能会在质量方面做出巨大妥协。她和几名团队成员一起集思广益，但正如她所怀疑的，她无法保证在如此短的时间内交付一个高质量的产品。她的诚信即将受到威胁。

她本来想让老板来处理这个问题，但她和销售人员的关系不错，所以决定直接和他谈谈。

她小心翼翼地解释了她的困境：她理解他满足客户需求的美好愿望，但她得对新产品的质量负责任，否则公司将面临巨大的风险。

销售人员既对她的坦率感到有点吃惊，又很欣赏她彬彬有礼的态度。他同意与客户进行协商，看看能否在交货日期上找到一些回旋的余地。

结果却发现，客户只是认为提前收到货物“会感觉良好”，但如果按原定日期交货，他们也会非常满意。

这五大基本行为准则拯救了这位项目经理，但有时即使你遵循了它们，也可能无法左右项目的变更。因此，有时担心也是必要的，比如项目的方向发生了根本性的变化，但交货日期没有改变，反之亦然。尽管

工具：项目变更申请

项目名称：		
申请人：		
拟议的变更：		
变更的理由：		
该变更将如何增加价值		
该变更将如何影响项目的约束条件		
时间		
质量		
预算		
主要利益相关方	同意	日期

如此，通过使用项目变更申请工具和遵循五大基本行为准则，你可以得到最理想的结果。

正如史蒂芬·柯维所说："面对问题无能为力时，我们就要微笑着，真诚而平静地接受它们，并学会与它们和谐共处。这样，我们就不会让问题左右我们。"

应用挑战：使用项目变更申请

使用上页工具分析对项目提出的拟议变更。从你的利益相关方那里获得反馈，并寻找增加价值的机会。

总结

简而言之，项目管理的第四个"步骤"实际上并不是一个步骤。使用项目规划书，这样你就可以在整个项目生命周期中追踪项目的进展情况。如果项目发生变化或利益相关方要求对项目进行更改，你可以根据需要进行调整。

这就像驾驶汽车旅行一样，你要在行进中不断调整方向盘，消除或避开障碍。你知道自己的目的地，但有时会绕道而行。你可以选择走辅路，但最好还是继续沿着主干道——关键路径——前进。如果想改变你的目的地，那一定要有很好的理由。

用来追踪项目进展情况和项目变更的工具是项目状态报告和项目变更申请。

检查你的学习成果

√ 项目状态报告的用途是什么？

√ 五大基本行为准则如何帮助你应对意外的变化？

√ 项目范围扩大和项目范围发现之间的区别是什么？

√ 接受项目范围重大变更的标准是什么？

第七章

结束项目：庆祝成功，持续改进

CHAPTER 7

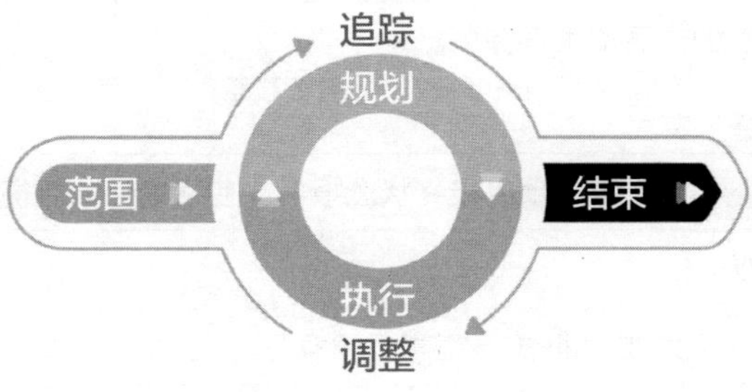

你是否参与过永远没有结束的项目？如果是，那就不算是一个项目，因为项目应该有始有终。

但是，你如何知道项目何时结束呢？

答案似乎很明显（“它已完成”），但实际上，只有在完成以下3个步骤之后，你才能真正知道项目是否结束：

◎ 确认项目结束。

◎ 总结经验教训。

◎ 庆祝！

项目是临时任务，不同公司有不同的结束项目的方式。有的公司需要提交团队记录的大量文档，而其他公司则较为随意。

不管项目结束流程如何运行，都请检查以下清单上的每一项任务，以确保你的项目彻底“完成”。你可以召开利益相关方会议来审查清单，或者只是自己查看一下。

工具：项目结束清单

确认项目结束

☐ 确认项目范围已完成。
☐ 确认已批准的变更请求已完成。
☐ 已获得必要的签字。
☐ 向主要利益相关方提交项目最终状态报告，包括增加的可衡量价值。

总结经验教训

☐ 向主要利益相关方/团队成员征求反馈意见。
☐ 总结经验教训。
☐ 将项目文件存档。
☐ 发布项目成功交付公告。

庆祝！

☐ 颁发奖励和证书。

确认项目结束

“确认项目范围已完成”意味着检查项目范围说明书，确保所有事项都已完成。对已批准的变更请求执行相同的步骤，确保变更已按规格完成。

这是一种检查模式，建筑行业称之为“遗留缺陷清单”。他们在项目结束时通过实地检查建筑，列出可能需要整改的小事项：这里缺少一个灯泡，那里有个螺丝松动了，或者有一段墙仍未粉刷等。通常，只有“清单”上的每一项都被“标记”（建筑商过去常常在清单上已完成的任务边缘打一个小孔），否则建筑合同就没有履行完毕。

你的项目也应该如此。责任机制原则说明不能有任何悬而未决的事项存在。没有完成“遗留缺陷清单”可能意味着员工无法获得报酬，包括你在内。这可能导致不必要的返工，（在最坏的情况下）甚至引起诉讼。

如果主要利益相关方认为没有必要与你一起检查项目结束流程，请询问他们：“您想要签署已完成，还是已全部完成？”不管怎样，最好让他们亲自签署最终的项目状态报告。

成功还是失败

你可能认为判断一个项目成功或失败是一件很容易的事，但实际情况并非如此。失败，就像成功一样，有时取决于其定义的方式以及由谁来定义。有些人会对交付的项目感到满意，有些人可能会吹毛求疵，而有些人可能会对该项目感到非常不满。

在结束一个项目时，你将面临“加速-减速综合征”。想象一下，你正开着旅游大巴穿过一座大城市——有些游客希望你加速，有些游客希望你减速，但大多数游客（正态分布曲线的凸起部分）则很高兴能够来到那里。

如果你感觉在某些方面可能出现了问题，那很正常。例如，美国海军曾经启动了一个宏伟的项目：建造一架隐形飞机。然而，该项目的支出不断增加，甚至花费数十亿美元，直到财政预算官员计算出完成该项目将耗尽海军未来数年的全部支出预算，最终，他们取消了整个项目。

上海中心大厦是世界第二高的建筑，也是最具创新性的建筑之一，被普遍誉为工程奇迹。然而，在大楼开放后，入住率却极低，部分原因是由于其创新设计，很显然，由于窗户的独特设计，许多空间无法使用。

这个项目失败了吗？从工程角度来看，这是一次巨大的成功。从商业角度来看，时间将证明一切。

初始预算为700万澳元的悉尼歌剧院最终花费了1亿多澳元，是初始预算的14倍。根据丹麦经济地理学家本特·弗利德贝格的说法，这是“世界各地超大型项目历史上最昂贵的成本超支”。尽管如此，它已经成为澳大利亚最有价值的资产之一，每年为澳大利亚国民经济增加近8亿澳元。

悉尼歌剧院项目是失败还是成功？

正如前文所述，詹姆斯·韦布望远镜向我们传送了以前无法想象的、令人叹为观止的深空照片，但它却延期了22年，预算超过了1000%。

这个项目是失败还是成功？这完全取决于你如何定义它。

一个项目的某个组成部分可能会失败，但总体来说，该项目仍然产生良好的结果。项目管理方法并不能完全避免失败，但它们可以减轻失败的后果。

通常，项目的“成功”是通过两个指标来定义的：时间和预算。当然，时间和预算很重要，但成功的主要指标是交付给利益相关方（人们）的价值。他们对所产生的产品质量和业务结果是否满意？如果是，那么你已经成功地完成了作为项目经理最重要的工作。

如果你已经竭尽全力，但项目仍被视为“失败”，该怎么办？

记住下面这些基础行为准则。

展现尊重，为反馈提供一个安全而受欢迎的环境。首先聆听，不要反驳，聆听那些认为项目失败的人的意见。然后勇于承担责任。按照项目经理的经典建议：“认真思考一下你本可以做得更好的事情，然后告诉大家失败也有一些好处：可以吸取经验教训，使项目变得更好。无法从错误中吸取经验教训才是真正散发着‘失败的气味’。”

总结经验教训

正式结束项目的一个关键因素是总结你在整个过程中学到的经验教训，一个好的项目管理程序会提供实现这一目标的方法。

要做到这一点，你还需要再组织一次访谈会议，以便从主要利益相关方和团队成员那里获取反馈意见，最好还邀请那些必须接受这一结果的人，即使用该产品或服务的用户。

我们称这个会议为“项目回顾”。这是从敏捷方法中借鉴的一种做法。团队召开一次项目回顾会议，专门讨论公司项目流程的改进问题。回顾的议程很简单：

◎ 哪些方面做得好？

◎ 哪些方面需要做得更好或需要改变？

◎ 我们必须应对哪些意外风险？

◎ 我们的项目管理流程需要如何改变才能实现最终的目标？

记录反馈信息，以备将来参考。

在这里也要充分发挥基本行为准则的作用。既要看到积极的一面，也要看到消极的一面。要求团队成员坦率地分享自己的想法，但要提醒他们尊重彼此——不要指责他人。作为项目负责人，你要对项目结果负责，因此任何责任都应该指向你。

请听取多方意见，不要立即回应，也不要反驳。你的目标是收集反馈意见，而不是为自己辩护。总体目标是从现在开始更好地执行项目，因此最好安静地坐下来听取他人意见。只有他们能够畅所欲言、毫无压力地提出改进流程的想法，才会更乐意参与下一个项目。

你所学到的经验可以帮助下一个项目更快、更省钱、更好地产生价值。当我们问人们能否找到以前项目的规划书和经验教训总结时，几乎所有人都回答“找不到了”！

不要像那个捡到一袋黄金、挖个坑藏起来，自己却忘记藏在哪里的人那样。你的项目文档就是黄金。想象一下隐藏其中的丰富信息，对于下一个非职业项目经理——也可能是你自己——而言，这是多么宝贵的财富啊。如果你找不到那些辛辛苦苦获得的黄金般宝贵的信息，那将是一种浪费。你不得不重蹈覆辙，再次体验那些教训。

宣扬项目成功的结果，让所有人都知道你拥有多么出色的团队，了解他们取得的成就。鼓励高层通报认可并奖励他们做出的贡献。利用恰当的媒体渠道——公司网站、博客、播客甚至社交媒体来分享团队的成就，成功的项目具有极大的公关价值。

即使你认为自己的项目“有成有败”，你所学到的经验教训对你的公司和个人都极具价值，这就是智力资本，和金融资本一样，它对你公司的未来非常重要。

庆祝项目结束

如何对那些为项目做出巨大贡献的人表示感激之情呢？

因人而异，你可以用自己的庆祝方式，但一定要记住：

人们喜欢自己的工作得到认可，其实一张个人支票最有用。

举行一个小小的庆祝活动是个好主意。邀请主要利益相关方，让他们说几句表扬团队的话。然后，准备一些零食，表扬每个团队成员，特别强调你从项目中学到的经验教训。

最重要的是，确保每个人都理解他们所创造的价值——用可衡量的、具体的术语——这样他们就会知道自己做出了多么有价值的贡献。

用具体的数字表彰其贡献

在新公司总部开业的那天，奥利维亚既紧张又兴奋。在团队的创新意识和那位穿着黄袜子的顾问的帮助下，她成功地将总部团队搬进了一套新的办公室，里面配备了充足的开放式工作区和面向整个团队的高科技会议区。在新的混合办公环境模式体系下，几乎所有工作团队都可以在办公室里使用这些一流的设施。

财务部已经重新分配了重新规划办公大楼项目的预算，甚至找到足够的资金向升级远程工作站的员工发放奖金。新租约的成本远低于维护旧办公楼的成本。公司运营成本呈断崖式下降。

到目前为止，公司员工对新的混合办公环境模式感到很满意。他们在通勤和高档咖啡上花费的时间和金钱都大大削减，因此他们对银行账户和与家人共度美好时光的时间的增加感到满意。销售额已经上升，产品制造团队也取得了丰硕的成果。

现在，在利益相关方参加的剪彩派对上，奥利维亚向大家简洁地报告了项目增值的内容。她说："我们上个季度的员工流失率已经下降了将近50%。现在有200多名员工在远程办公，这已经节省了近50%的运营成本。此外，员工的工作时间至少增加了10%，还有可能进一步提高。所有这一切都源于通勤时间的减少。"

"最后，由于运营预算的大幅削减和生产力的提高，我们预计下一个财年将会比去年大幅改善。"

当利益相关方为她鼓掌喝彩时，奥利维亚感到一股自豪感涌上心头，于是她请项目团队成员站起来接受大家的祝贺。现在是时候为新办公区域剪彩了。"你们做到了！"玛丽亚说着，友好地拍了拍她的肩膀，以示祝贺。

总结经验：团队责任会议很重要

这是奥斯陆的一个仲夏之夜。时间已接近午夜，太阳却依然炽热，莱特尔公司的篝火派对进行得如火如荼，人们或吃着美食，或伴着音乐围着篝火跳舞。海达和她的团队有着足够的理由开一个庆祝大会，他们记录下这些精彩瞬间，并将这些瞬间分享给莱特尔制药公司远程办公人员。

莱特尔的首席执行官特斯曼让大家安静下来，向大家说几句话。

"当我们制定将药品推向市场的审批时间缩短67%的目标时，我知道你们是持怀疑态度的。我自己也曾有过怀疑。但世界上还有很多人指望我们为他们提供治疗——救命、缓解疼痛的治疗——我认为这是一个极其重要的责任。如果能越快完成这项工作，就越好。"

"在过去的两年里，我们一直对自己施压。我们努力尝试改进药物试验的新方法、新的测试方案和新的撰写流程。"

"现在我们大家的变化大大出乎我的意料：有些人看起来工作很疯狂；我们正在与监管机构——有人称之为'敌人'——合作，他们正在向我们展示如何更快推进事务的进展；我们正在加速某些药物的研发；现在我们在毒理学数据报告出来之前就开始撰写报告啦！"大家哈哈大笑起来。"当然，我们随后会填写精确数据。"

"所有这些改变都取得了回报。今晚我很高兴地向你们汇报，我们的化合物7XL——一种新型抗癌药物——已经在5个月内获得了监管机构的批准！"所有人都欢呼起来。

"这意味着我们给全球成千上万名癌症患者带来希望和解脱。"

"对莱特尔制药公司来说，这也意味着将盈利数百万美元。"埃勒特悄声对乔伦说。乔伦听后，咧嘴一笑。

特斯曼继续说："今晚我想向一直负责这个项目的团队——海达·赖辛和她的项目团队致敬。请大家举起手里的酒杯向他们致敬！"特斯曼把海达拉到身边，并请她带领团队上前接受表彰。

海达大声说："现在已经快到午夜了，所以我就长话短说。我们的团队在创纪录的时间内完成了不可能完成的任务。我们的工作在前一年里几乎没有什么进展，直到我意识到责任会议的重要性——定期、有规律地召开的责任会议，而且我们的团队表现得非常好。谢天谢地，我也学会了如何为自己负责。为了让我们的项目取得成功，医生、科学家、作家、律师、财务、市场营销——甚至是测试对象——都竭尽全力，对自己负责、对彼此负责，共同解决问题。你们都意识到自己的责任与重任。"贝尔塔、特斯曼、西娅、芮娜甚至布拉克博士都微笑着聆听海达发言。乔伦和埃勒特互相击掌庆祝成功。

"我们还有很长的路要走，"海达总结说，"事实上，寻找更快、更好的解决方案的探索永无止境。这个项目已经结束，但下周我们将再次开启新的项目！"

总 结

简而言之，项目管理流程中的最后一步是结束项目。最后，我们将评估项目的成功程度，并总结"可应用于未来项目的经验教训"。我们也要感谢那些帮助过我们的人，认可他们的贡献并表达我们的感激之情。

使用项目结束清单以确保你已经交付了你承诺要交付的价值。

检查你的学习成果

√ 为什么要检验项目结束程序?

√ “结束”项目会议的议程是什么?

√ 如何推广你从项目中学到的经验教训?

√ 如何表彰团队成员的贡献?

结　语

项目管理需要与时俱进

本书其中一位作者的感想：

在一次紧张的项目管理研讨会结束后，一位参会者请求占用我几分钟时间。

他说："在过去两天里，我突然意识到还有更多的工作要做，我的工作还有很多需要改进的地方。"

我问："在哪方面？"我预计他会谈论项目流程的复杂性。他是一位受过良好教育的工程师，拥有许多学位和证书。

然而，他坦白说："我需要在基本行为准则方面多下点儿功夫。我意识到我的项目失败的原因是缺乏沟通。我没有明确期望，而且从未想过我最重要的工作是建立信任并激发团队成员的积极性。"

"这是我最大的收获。我现在意识到，负责人的失误是如何让其他任务全盘皆输的。"

他是个睿智的人。

现在，你的工作重点就是培养自己的非正式权威。如果你沉迷于管理项目的策略，结果却忽视了基本行为准则，那么无论这个项目的结果如何，你都不会成功。

另一位参会者接着说："我的整个职业生涯都是项目经理，负责过非常成功的项目，也负责过不太成功的项目。以下是我所观察到的：

'凡是成功的项目都是公开透明的。每个人都知道哪方面进展良好，哪方面没有。信息是共享的，成员不需猜测。在失败的项目中，信息是按需分发的。人们各自为战，埋头做事，专注于自己的事情。领导从不鼓励团队成员对项目提出质疑。'"

显然，许多项目负责人仍然需要与时俱进，需要强化自己的非正式权威，推动项目发展！

我们从经验中得出的结论是：如果团队成员表现出情感上的成熟，无论他们使用什么流程做事，团队都可以成功。品德、诚信和技能、知识一样重要。

当然，本书中介绍的基本工具和技能将帮助你：

- 对自己管理流程的能力充满信心。
- 技能娴熟，有能力处理项目流程的每一个步骤。
- 不再害怕风险和失败。
- 能够更好地应对变化。

除非你表现出有原则的领导能力，否则你的团队将会陷入困境。

所以，当你践行基本行为准则时，你永远都能实现一个人的成功。随着你更加娴熟地使用本书呈现的技能和工具，你会逐渐发现你的项目——以及你的生活——变得越来越顺畅了。你将以沉着和自信的姿态躲避重大打击，跳过黑洞。

我们生活在一个飞速发展的世界，你会发现非正式项目管理领域也是变化万千的。

术语表

以下许多定义都来源于项目管理协会（PMI）《项目管理知识体系指南》第七版。

Acceptance criteria（验收标准）：在交付成果被接受之前必须完成的一组条件。

Activity（任务）：项目任务中明确、提前规划的部分活动，通常是为了完成项目组件而做出的贡献。

Agile Method（敏捷方法）：一种以短暂的工作阶段（冲刺）为特征的项目管理方法，频繁地重新评估项目和有效适应需求变化。

Black hole（黑洞）：项目团队的注意力和精力被“吸入”项目的失控局面。

Brainstorming（头脑风暴）：一种快速、非判断性、创造性的数据收集技术，可用于识别风险、思路或解决方案。最佳实践是让多方专家、利益相关方和团队成员一起进行头脑风暴。

Budget（预算）：批准的项目或任何项目分解结构可交付成果、组件或任务的成本估算。

Cadence of accountability（责任会议机制）：一种确保团队对所做承诺负责任的有节奏的过程。会议定期而频繁地召开。

Project Change Request（项目变更申请）：提出对项目进行修改的工具。

Close（结束项目）：用于完成项目任务、总结经验教训和确认团队成就的过程。

Component（组件）：交付成果的关键元素或子集。

Constraints（约束条件）：影响项目的限制因素或局限性，通常涉及时间、范围、质量和预算等领域。

Critical path（关键路径）：必须按时开始、按时结束且质量过关的一系列任务。如果关键路径上的任何一项任务延迟，整个项目都会延迟。这是管理项目的战略工具。

Daily Scrum（每日站会）：参见团队责任会议。

DANCE（主要利益相关方之舞）：决策者（decisions）、权限者（authority）、需求者（need）、相关者（connections）和能量者（energy）的首字母缩写，用于识别项目中主要利益相关方的一套标准。

Deliverable（可交付成果）：完成项目所需产出的任何独特的和可验证的产品、结果或能力。

Dependency（依存关系）：两个活动彼此依赖于对方的开始或结束的关系。

Duration（工期）：规划任务开始和结束之间的时间段。

Estimate（估算）：对成本、资源或工期的定量猜测。

Finish-to-Finish（完成—完成）：一个任务在前一个任务完成之前不能完成的一种关系。

Finish-to-Start（完成—开始）：一个任务在前一个任务完成之前不能开始的一种关系。

Five Foundational Behaviors（五大基本行为准则）：高效项目经理的领导行为：首先聆听、明确期望、传递信任、承担责任、展现尊重。

Franklin Covey Project Management Process（富兰克林柯维项目管理流程）：多元渠道的一套简单易行的最佳实践和工具，包括传统和敏捷方法，旨在帮助非正式项目经理取得成功。这是基于个人领导力和职业行为准则的有效原则。

Frontloading（前期准备）：尽早从尽可能多的利益相关方那里获取尽可能多的信息，以取得最大的成功，使风险降到最小。

Gantt chart（甘特图）：一种柱状图，垂直列出规划任务，水平列出日期。甘特图是显示项目规划书的一种常用方法。

Informal authority（非正式权威）：激发团队成员想要加入你的团队并获得成功的能力，即使在职能上他们不用向你汇报工作。

Iteration（迭代）：开发、部署、测试和审查的短期时间段。

Key stakeholder（主要利益相关方）：任何一个决定项目成功或失败的人。

Lessons learned（经验教训）：在项目完成期间获得并总结的知识，可用于未来项目团队改进其流程。

Milestone（里程碑）：项目中的重要决策点或事件。

Mind mapping（思维导图）：用于生成想法、可交付成果、组件、任务和风险的图形化头脑风暴工具。

PERT（项目评估和审查技术）：一种用于估算活动工期的技术。公式为工期 =（o + 4n + p）/ 6，其中o是最乐观的工期，p是最悲观的工期，而n代表“正常”，或者是你认为最可能完成任务的工期。数字4平衡了对工期做出不切实际的短期估计的普遍倾向。数字6表示o和p之间的标准差数。

Plan（规划）：识别项目风险并安排项目任务的过程。

Project（项目）：一个有始有终的任务，承诺通过短期努力创造一个独特的产品、服务或成果。

Project manager（项目经理）：负责带领团队实现项目目标的人。

Project Scope Statement（项目范围说明书）：一种用于定义项目目的、期望的结果、约束条件、排除项和利益相关方认可的工具。

Project team（项目团队）：一群支持项目经理实现项目目标的人。

Risk（风险）：一种不确定的事件或条件，如果发生，将对项目目标产生积极或消极的影响。

Scope（范围）：项目要提供的产品、服务和结果的总和。

Scope creep（范围蔓延）：项目变得无法控制并且不断增长的趋势。

Scrum（Scrum 敏捷方法）：一种旨在指导团队进行产品的迭代和增量交付的方法。

Sequencing（排序）：识别和记录项目活动之间关系的流程。

Sprint（迭代）：见 Iteration。

Stakeholder（利益相关方）：积极参与项目或受项目积极或消极影响的个人或组织。

TAME（transferred, accepted, mitigated, eliminated）：用于决定如何管理风险的思维工具的首字母缩写——风险应该转移、接受、减轻还是消除。

Team Accountability Session（团队责任会议）：一次简短而激励人心的会议，包括四个项目议程：审查项目规划书以确定团队任务是否进展顺利，汇报承诺完成情况，做出新的承诺以保持项目顺利进行，为面临障碍的团队成员清除障碍。

Track & Adapt（追踪与变更）：审查项目进展并确定需要对计划进行变更的过程。

Waterfall Method（瀑布方法）：一种传统的项目管理方法，最适合具有明确定义的范围和清晰目标的项目。瀑布方法强调明确范围，进行大量的前期规划，执行计划，并尽量减少变更的请求。该方法之所以被称为“瀑布方法”，是因为项目步骤逐步进行的过程具有级联效应。例如，这些过程可能被确定为启动、规划、执行、测试和实施最终产品。

Work（工时）：完成任务所需的分钟、小时或天数的工作量。

Work Breakdown Structure（WBS）（工作分解结构）：项目可交付成果及其相关组件的层次结构，涵盖完成项目目标而执行的全部工作范围。

作者介绍

科丽·科歌昂（Kory Kogon）是富兰克林柯维公司的副总裁，专注于领导力和效率方面的关键实用战略。她是《5个选择：走向非凡生产力的道路》《项目管理精华：给非职业项目经理人的项目管理书》和《这样演就对了：富兰克林柯维教你建立商务演示优势》等书的合作者之一。

科丽拥有25年以上的业务经验，从一线职员到执行团队成员都有涉猎。在加入富兰克林柯维公司之前，科丽在全球组织阿尔法图形公司担任了6年执行副总裁，负责协助特许经销商启动业务、培养员工和实现盈利项目。她负责全球ISO 9000标准的实施，并安装了该公司首个全球学习系统。

科丽曾被评为犹他州“最值得关注的商界30名女强人”之一。她曾获得神经领导学院颁发的神经领导学奠基者荣誉证书，是神经领导学研究所的认证专家。

叙泽特·布莱克莫尔（Suzette Blakemore）是富兰克林柯维公司企业部的销售副总裁，领导160名销售人员，负责实现两位数的年增长率和数百万美元的销售收入。叙泽特是富兰克林柯维公司沟通优势系列的主题专家，以凭借其实用的方法在工作中实现和保持高水平的卓越绩效而闻名。她还是有关领导力、女性领导者和项目管理方面的深受喜爱的演说家。

最近获得“我们钦佩的女性”组织认可。叙泽特经常作为志愿者与小企业主合作，希望增加其销售收入或建立实地销售团队。她曾在多个董事会和同行委员会任职，并热衷于扩大人脉网络。叙泽特有三个成年子女和三个孙辈。她要么和孩子们待在一起，享受天伦之乐，要么和丈夫约翰一起去旅行和潜水。

FranklinCovey

品 牌 故 事

三十多年前，当史蒂芬·R. 柯维（Stephen R. Covey）和希鲁姆·W. 史密斯（Hyrum W. Smith）在各自领域开展研究以帮助个人和组织提升绩效时，他们都注意到一个核心问题——人的因素。专研领导力发展的柯维博士发现，志向远大的个人往往违背其渴望成功所依托的根本性原则，却期望改变环境、结果或合作伙伴，而非改变自我。专研生产力的希鲁姆先生发现，制订重要目标时，人们对实现目标所需的原则、专业知识、流程和工具所知甚少。

柯维博士和希鲁姆先生都意识到，解决问题的根源在于帮助人们改变行为模式。经过多年的测试、研究和经验积累，他们同时发现，持续性的行为变革不仅仅需要培训内容，还需要个人和组织采取全新的思维方式，掌握和实践更好的全新行为模式，直至习惯养成为止。柯维博士在其经典著作《高效能人士的七个习惯》中公布了其研究结果，该书现已成为世界上最具影响力的图书之一。在富兰克林规划系统（Franklin Planning System）的基础上，希鲁姆先生创建了一种基于结果的规划方法，该方法风靡全球，并从根本上改变了个人和组织增加生产力的方式。他们还分别创建了「柯维领导力中心」和「Franklin Quest公司」，旨在扩大其全球影响力。1997年，上述两个组织合并，由此诞生了如今的富兰克林柯维公司（FranklinCovey, NYSE: FC）。

如今，富兰克林柯维公司已成为全球值得信赖的领导力公司，帮助组织提升绩效的前沿领导者。富兰克林柯维与您合作，在影响组织持续成功的四个关键领域（领导力、个人效能、文化和业务成果）中实现大规模的行为改变。我们结合基于数十年研发的强大内容、专家顾问和讲师，以及支持和强化能够持续发生行为改变的创新技术来实现这一目标。我们独特的方法始于人类效能的永恒原则。通过与我们合作，您将为组织中每个地区、每个层级的员工提供他们所需的思维方式、技能和工具，辅导他们完成影响之旅——一次变革性的学习体验。我们提供达成突破性成果的公式——内容+人+技术——富兰克林柯维完美整合了这三个方面，帮助领导者和团队达到新的绩效水平并更好地协同工作，从而带来卓越的业务成果。

富兰克林柯维公司足迹遍布全球160多个国家，拥有超过2000名员工，超过10万个企业内部认证讲师，共同致力于同一个使命：帮助世界各地的员工和组织成就卓越。本着坚定不移的原则，基于业已验证的实践基础，我们为客户提供知识、工具、方法、培训和思维领导力。富兰克林柯维公司每年服务超过15000家客户，包括90%的财富100强公司、75%以上的财富500强公司，以及数千家中小型企业和诸多政府机构和教育机构。

富兰克林柯维公司的备受赞誉的知识体系和学习经验充分体现在一系列的培训咨询产品中，并且可以根据组织和个人的需求定制。富兰克林柯维公司拥有经验丰富的顾问和讲师团队，能够将我们的产品内容和服务定制化，以多元化的交付方式满足您的人才、文化及业务需求。

富兰克林柯维公司自1996年进入中国，目前在北京、上海、广州、深圳设有分公司。

www.franklincovey.com.cn

更多详细信息请联系我们：

北京 朝阳区光华路1号北京嘉里中心写字楼南楼24层2418&2430室
电话：(8610) 8529 6928 邮箱：marketingbj@franklincoveychina.cn

上海 黄浦区淮海中路381号上海中环广场28楼2825室
电话：(8621) 6391 5888 邮箱：marketingsh@franklincoveychina.cn

广州 天河区华夏路26号雅居乐中心31楼F08室
电话：(8620) 8558 1860 邮箱：marketinggz@franklincoveychina.cn

深圳 福田区福华三路与金田路交汇处鼎和大厦21层C02室
电话：(86755) 8337 3806 邮箱：marketingsz@franklincoveychina.cn

柯维公众号

柯维视频号

柯维+

富兰克林柯维中国数字化解决方案：

「柯维+」(Coveyplus）是富兰克林柯维中国公司从2020年开始投资开发的数字化内容和学习管理平台，面向企业客户，以音频、视频和文字的形式传播富兰克林柯维独家版权的原创精品内容，覆盖富兰克林柯维公司全系列产品内容。

「柯维+」数字化内容的交付轻盈便捷，让客户能够用有限的预算将知识普及到最大的范围，是一种借助数字技术创造的高性价比交付方式。

如果您有兴趣评估「柯维+」的适用性，请添加微信coveyplus，联系柯维数字化学习团队的专员以获得体验账号。

富兰克林柯维公司在中国提供的解决方案包括：

I. 领导力发展：

高效能人士的七个习惯®(标准版) The 7 Habits of Highly Effective People®	THE 7 HABITS of Highly Effective People® SIGNATURE EDITION 4.0	提高个体的生产力及影响力，培养更加高效且有责任感的成年人。
高效能人士的七个习惯®(基础版) The 7 Habits of Highly Effective People® Foundations	THE 7 HABITS of Highly Effective People® FOUNDATIONS	提高整体员工效能及个人成长以走向更加成熟和高绩效表现。
高效能经理的七个习惯® The 7 Habits® for Manager	THE 7 HABITS® FOR Managers ESSENTIAL SKILLS AND TOOLS FOR LEADING TEAMS	领导团队与他人一起实现可持续成果的基本技能和工具。
领导者实践七个习惯® The 7 Habits® Leader Implementation	THE 7 HABITS® Leader Implementation COACHING YOUR TEAM TO HIGHER PERFORMANCE	基于七个习惯的理论工具辅导团队成员实现高绩效表现。
卓越领导4大天职™ The 4 Essential Roles of Leadership™	The 4 Essential Roles of LEADERSHIP™	卓越的领导者有意识地领导自己和团队与这些角色保持一致。
领导团队6关键™ The 6 Critical Practices for Leading a Team™	THE 6 CRIRICAL PRACTICES FOR LEADING A TEAM™	提供有效领导他人的关键角色所需的思维方式、技能和工具。
乘法领导者® Multipliers®	LIZ WISEMAN'S MULTIPLIERS® HOW THE BEST LEADERS IGNITE EVERYONE'S INTELLIGENCE	卓越的领导者需要激发每一个人的智慧以取得优秀的绩效结果。
无意识偏见™ Unconscious Bias™	UNCONSCIOUS BIAS™	帮助领导者和团队成员解决无意识偏见从而提高组织的绩效。
找到原因™：成功创新的关键 Find Out Why™: The Key to Successful Innovation	Find Out WHY™ THE KEY TO SUCCESSFUL INNOVATION	深入了解客户所期望的体验，利用这些知识来推动成功的创新。
变革管理™ Change Management™	CHANGE How to Turn Uncertainty Into Opportunity™	学习可预测的变化模式并驾驭它以便有意识地确定如何前进。

培养商业敏感度™ Building Business Acumen™	Building Business Acumen™	提升员工专业化，看到组织运作方式和他们如何影响最终盈利。

II. 战略共识落地：

高效执行四原则® The 4 Disciplines of Execution®	The 4Disciplines of Execution®	为组织和领导者提供创建高绩效文化及战略目标落地的系统。

III. 个人效能精进：

激发个人效能的五个选择® The 5 Choices to Extraordinary Productivity®	THE 5 CHOICES to extraordinary productivity	将原则与神经科学相结合，更好地管理决策力、专注力和精力。
项目管理精华™ Project Management Essentials for the Unofficial Project Manager™	PROJECT MANAGEMENT ESSENTIALS™ For the Unofficial Project Manager	项目管理协会与富兰克林柯维联合研发以成功完成每类项目。
高级商务演示® Presentation Advantage®	Presentation Advantage® TOOLS FOR HIGHLY EFFECTIVE COMMUNICATION	学习科学演讲技能以便在知识时代更好地影响和说服他人。
高级商务写作® Writing Advantage®	Writing Advantage® TOOLS FOR HIGHLY EFFECTIVE COMMUNICATION	专业技能提高生产力，促进解决问题，减少沟通失败，建立信誉。
高级商务会议® Meeting Advantage®	Meeting Advantage® TOOLS FOR HIGHLY EFFECTIVE COMMUNICATION	高效会议促使参与者投入、负责并有助于提高人际技能和产能。

IV. 信任：

信任的速度™（经理版） Leading at the Speed of Trust™	Leading at the SPEED OF TRUST™	引领团队充满活力和参与度，更有效地协作以取得可持续成果。
信任的速度®（基础版） Speed of Trust®: Foundations	SPEED OF TRUST. FOUNDATIONS	建立信任是一项可学习的技能以提升沟通，创造力和参与度。

V. 顾问式销售：

帮助客户成功® Helping Clients Succeed®	HELPING CLIENTS SUCCEED®	运用世界顶级的思维方式和技能来完成更多的有效销售。

VI. 客户忠诚度：

引领客户忠诚度™ Leading Customer Loyalty™	LEADING CUSTOMER LOYALTY™	学习如何自下而上地引领员工和客户成为组织的衷心推动者。